Vive la vie...
EN FAMILLE

VOLUME **6**

Pour en **finir** avec les Couches

L'apprentissage
de la propreté

LES ÉDITIONS
LA PRESSE

Remerciements

La première personne que je tiens à remercier, c'est Sébastien, mon conjoint. Il me soutient durant mes nombreuses heures de travail. Il pourrait presque devenir lui-même psychologue à force de lire tout ce que j'écris et de m'entendre tous les jours parler de ma passion pour mon métier. Il ne cesse jamais de m'encourager et de me motiver dans mes moments de fatigue. Si je peux travailler autant à aider les parents, c'est grâce à lui!

Ma belle-fille Laurence, petit rayon de soleil que j'adore, me donne le goût d'être mère et m'apporte, bien au-delà de la théorie, une idée plus concrète des implications d'être parent ou beau-parent aujourd'hui. Elle est la meilleure d'entre tous pour me convaincre de mettre le travail de côté un moment pour retrouver le plaisir de jouer!

Mon père est probablement la personne la plus fière de moi. Étant enseignant, il m'a transmis le goût de vulgariser et d'expliquer les choses de façon claire, simple et accessible. Il m'a également transmis sa façon imagée d'expliquer des choses parfois bien compliquées. Si je peux faire ce travail aujourd'hui, c'est parce qu'il m'a encouragée tout au long du parcours qui mène à la profession de psychologue.

Mes beaux-parents m'encouragent beaucoup et m'ont même aidée à trouver un titre pour cette collection!

Mes amis de longue date, qui se reconnaîtront, croient en moi, et me laissent toujours travailler un peu plus que la moyenne sans rouspéter contre mes manques de disponibilité. Eux aussi parviennent presque aussi bien que Laurence à m'intéresser à d'autres sujets que la psycho…

Dominique, mon associée et agente qui me guide si bien dans ma nouvelle carrière de communicatrice et qui ne pouvait pas arriver plus à point dans ma vie!

Martin et Martine, les éditeurs qui ont cru en ce projet, m'ont guidée dans ce nouveau rôle d'auteure. Ils m'ont fait confiance et m'ont donné confiance...

Monsieur André Provencher m'a attentivement écoutée lorsque je lui décrivais avec enthousiasme mon projet de collection et m'a ouvert toutes grandes les portes des Éditions La Presse.

Mes professeurs et mes mentors, qui ont participé à ma formation en psychologie et m'ont aidée à devenir la psychologue que je suis maintenant : Claude, Raymond, Debbie, monsieur Guirguis, Françoys... il y a un peu de chacun d'eux dans tous les conseils que je vous donne à vous, les parents!

Enfin, les gens clé autour de l'émission *D^{re} Nadia, psychologue à domicile* – Jean-Carl, Pierre-Louis, Jano, Micheline, Monique, Nadine, Sylvio, Anouck, Caroline, Pierre, Jonathan, Martin, Guy, Jean-Jacques, Édouard, Paul, Nathalie, Véronique, Line et Line – qui m'ont tous appris un second métier, la communication. Ils ont su m'aider à surmonter mon manque d'expérience, mes incertitudes et mes doutes en me donnant confiance en moi. Faire cette émission m'a procuré un sentiment de crédibilité sans lequel je ne suis pas certaine que j'aurais osé m'embarquer dans cette grande aventure que représente la collection *Vive la vie... en famille.*

À tout ce beau monde... un grand *merci!*

:: Avant-propos

Faire l'amour et avoir un enfant, ce peut être très facile... C'est éduquer l'enfant tout en l'aimant de façon inconditionnelle qui représente un véritable défi. Pour certains, l'aventure ne comporte pas trop d'obstacles, pour d'autres, c'est une suite de moments positifs et de moments de crises... Même pour ceux qui ne rencontrent pas trop d'embûches, être parent aujourd'hui n'est pas facile. Ça donne parfois le vertige en plus de soulever quelques doutes sur soi et sur sa façon d'être.

Le contexte de la vie familiale a beaucoup changé. Les deux parents travaillent, les enfants vont à la garderie, les parents se séparent et les familles se reconstituent. L'évolution technologique génère une certaine anxiété de performance chez plusieurs d'entre nous, car nous devons tout faire plus vite. Elle soulève également des dilemmes et des questionnements par rapport à l'éducation de nos enfants : Internet, téléphone cellulaire, jeux vidéo...

Cette collection ne se veut pas un mode d'emploi de la réussite familiale... Cela ne pourra jamais exister, car tous les enfants et tous les parents sont différents. Cet outil n'a pas pour but de donner des réponses toutes faites, mais plutôt de fournir des pistes de réflexion et de vous donner une meilleure confiance en votre jugement de parent. Évidemment, les connaissances scientifiques en psychologie comportementale y seront mises à profit, car certaines techniques sont, selon moi, vraiment très efficaces! Mais, il y a toujours des exceptions à la règle... des familles pour qui les stratégies proposées ne fonctionneront pas à 100 %. Pour ces gens, des pistes de questionnement, de réflexion et des ressources supplémentaires seront proposées afin de répondre à leur besoin particulier.

Malgré toutes les années que j'ai passées à étudier la psychologie, je crois toujours que chaque parent est l'expert de SON enfant. Les psychologues eux, connaissent bien les enfants en général, ce que la documentation scientifique leur apprend sur le développement de l'enfant et sur les différents troubles psychologiques qui peuvent affecter certains d'entre eux... mais chaque enfant est unique! La preuve, c'est qu'après plusieurs années à pratiquer la psychologie auprès d'une clientèle d'enfants et d'adolescents, ils m'étonnent toujours et je n'ai pas encore de sentiment de routine. Quand les psychologues tendent la main aux parents et que ces derniers sont ouverts et motivés à recevoir de l'information sur le développement de l'enfant, c'est à ce moment que les petits miracles sont possibles!

Pourquoi une collection? Parce que rares sont les parents d'aujourd'hui qui ont le temps de lire une bible de 900 pages sur l'éducation des enfants. Mon but est de permettre à chaque parent d'aller chercher les outils qui le concernent le plus. Et puis, je me dois d'être honnête, cette formule me permet également de prendre le temps nécessaire pour me pencher sur chaque sujet en me demandant quelles informations aideraient VRAIMENT les parents!

Ma personnalité et la façon dont j'aborde naturellement les problèmes de la vie font en sorte que les livres de cette collection sont écrits sur un ton légèrement humoristique. Cette attitude permet de dédramatiser la détresse que peuvent vivre certains parents, sans pour autant la banaliser, puisque si je mets un tel effort à tenter d'aider les parents, c'est bien parce que je les prends au sérieux… De plus, le rire est un bon remède. Il permet de prendre un recul par rapport à notre situation et même parfois de mieux voir les solutions possibles. Il faut accepter que tout le monde fait des erreurs, y compris soi-même, et en rire, ça veut dire les reconnaître, les accepter et être prêt à se retrousser les manches pour les réparer.

Bonne lecture et surtout, aimez vos enfants!

D^{re} Nadia Gagnier,
Psychologue

:: Table des matières

CHAPITRE 1

:: Pour en finir avec les couches

Si vous avez un jeune enfant de moins de 2 ans encore aux couches, vous devez sûrement commencer à vous poser plusieurs questions sur l'apprentissage de la propreté. À quel âge devrait-il être propre? Jusqu'à quel point les parents ont-ils un rôle à jouer dans cet apprentissage? Est-ce qu'il y a une étape du développement durant laquelle cet apprentissage est plus facile? À partir de quel âge dois-je m'inquiéter si mon enfant n'est pas encore propre?

En fait, l'apprentissage de la propreté représente une grande étape dans la vie d'un enfant... et dans la vie de ses parents! Quel bonheur que de voir son enfant devenir autonome à ce niveau... moins de dépenses en couches, moins de temps utilisé pour changer les couches... et quel répit pour l'odorat! Disons que dans toutes les tâches qu'un parent doit accomplir, celle du changement de couche n'est pas nécessairement la plus agréable au niveau sensoriel!

Pour l'enfant, cette étape de la vie représente un gain important en autonomie, en confiance en soi et en sentiment de contrôle... à condition que l'apprentissage se déroule dans un climat positif et encourageant. Donc, si les parents s'y prennent de la bonne façon et au bon moment, l'enfant bénéficiera de cette expérience de plusieurs façons (autonomie, confiance en soi, etc.). Par conséquent, il est important que les parents soient bien informés à ce sujet, sans pour autant se mettre une pression de performance sur les épaules, et encore moins sur celles de leur enfant!

Prenons l'exemple de Caroline et Simon... ils ont un charmant petit garçon, Mathis, âgé de 2 ans. Caroline est enccinte de son deuxième enfant. Elle ressent de la fatigue et elle a parfois la nausée, mais elle se porte bien. Elle sait, par sa première expérience de grossesse, que ces symptômes s'estomperont avec l'avancement de sa grossesse. Mathis n'est pas encore tout à fait propre, mais cela ne devrait pas tarder... Caroline et Simon ont remarqué qu'il commence à pointer sa couche ou à la tirer lorsqu'il est mouillé... et il va se cacher dans un coin de la maison lorsqu'il veut éliminer ses selles! L'éducatrice de la garderie leur a également demandé s'ils désiraient rendre Mathis propre bientôt. Elle leur a offert son soutien. Selon Caroline et Simon, il s'agit là de signes qui indiquent que le grand jour arrivera bientôt! Ça tombe bien... Caroline et Simon aimeraient tellement que Mathis soit propre avant la naissance de leur deuxième enfant, histoire d'avoir juste un enfant aux couches à la fois! Par contre, ils ne veulent surtout pas mettre trop de pression sur le dos de leur fiston adoré...

Ils désirent donc s'informer sur la meilleure attitude à prendre. En surfant sur Internet, en discutant avec parents et amis, et en magasinant les livres sur le sujet, ils se rendent compte qu'il existe plus d'une approche et plus d'une école de pensée à ce sujet. Ils réalisent également que tous les enfants ne font pas cet apprentissage au même âge et que la durée de l'apprentissage est variable. Ils sont un peu confus! Même le fait d'écouter leurs amis, de la même génération qu'eux, peut être étourdissant.

Le garçon d'un de leurs couples d'amis est devenu propre à l'âge de 28 mois en deux jours, et un autre couple d'amis ont commencé à entraîner leur fille à l'âge de 20 mois, sans avoir de résultats avant six mois d'essais... Ça, c'est sans compter les petites remarques de la belle-mère de Caroline : « Lorsque Simon avait l'âge de Mathis, cela faisait déjà trois mois qu'il était propre »! Ouf, si Caroline et Simon cherchaient un âge où l'enfant est prêt et une technique qui fait consensus, c'est raté!

L'apprentissage de la propreté relève à la fois de la psychologie et de la médecine pédiatrique... Comme je suis psychologue, tout au long de ce livre, je me concentrerai sur les aspects éducationnels et psychologiques de l'apprentissage de la propreté et ne donnerai que de l'information sommaire sur les aspects physiques et biologiques impliqués dans le processus qui mène à la propreté. Sachez également que les informations données sur le développement des enfants ne sont que des moyennes... rappelez-vous qu'il est fort possible que le développement de votre enfant ne soit pas parfaitement dans la moyenne, et que rien ne vaut l'avis de son pédiatre ou du médecin de famille pour des informations plus précises et personnalisées concernant le développement de VOTRE enfant.

Ce livre vous informera des différentes techniques que vous pourrez mettre de l'avant pour encourager votre enfant dans l'apprentissage de la propreté. De façon générale, l'approche proposée en est une qui est orientée vers l'enfant et ses besoins (c'est-à-dire attendre qu'il soit prêt physiquement et psychologiquement), plutôt qu'une approche orientée vers les besoins des parents (ex. : rendre l'enfant propre selon les besoins et l'ordre du jour des parents). Mais, ce n'est pas parce que l'approche est orientée vers l'enfant qu'elle en est une de « laisser-faire ». Des techniques seront proposées pour favoriser un apprentissage plus rapide et plus agréable pour toute la famille.

Le chapitre suivant vous fera entrer dans le monde merveilleux de l'apprentissage de la propreté et vous rapportera de l'information tirée de la documentation scientifique publiée sur le sujet. Vous y apprendrez les facteurs qui motivent les parents à débuter l'entraînement, les différentes recommandations des experts au cours du siècle dernier, et l'âge auquel les enfants sont prêts à commencer l'apprentissage. Au chapitre 3, il sera question des facteurs qui vous permettront d'évaluer si votre enfant est prêt à utiliser le petit pot. Le chapitre 4 vous permettra d'évaluer si le contexte familial est favorable à l'entraînement à la propreté et si VOUS, comme parent, êtes prêt à travailler de façon efficace avec votre enfant. Si vous doutez de la réceptivité de votre enfant à l'apprentissage de la propreté, le chapitre 5 vous expliquera ce que vous pouvez faire en attendant qu'il soit prêt afin de stimuler le développement des différentes habiletés préalables à l'apprentissage de la propreté. C'est au chapitre 6 que vous apprendrez les différentes techniques concrètes que vous pourrez mettre en pratique afin de permettre à l'enfant d'abandonner l'utilisation de la couche. Certains d'entre vous seront peut-être tentés de passer directement à ce chapitre sans lire ceux qui le précèdent, mais ATTENTION!!! Si vous souhaitez que les techniques proposées soient efficaces, vous devez lire les chapitres 2 à 5! Puisque la perfection ne fait pas partie de ce monde, le chapitre 7 exposera les différents obstacles que vous pourriez avoir à surmonter en cours de route. Il y sera également question des solutions possibles pour vous aider à régler ces éventuels problèmes. La conclusion terminera le tout sur une note positive.

Parmi les stratégies et les solutions proposées dans ce livre, il est important de choisir celles avec lesquelles vous êtes le plus à l'aise. Faites confiance à votre jugement pour adapter les solutions à votre situation familiale, au tempérament de votre enfant et à son rythme de développement.

Bonne lecture et je souhaite que ce livre vous aide à vivre cette étape de la vie de votre enfant dans la bonne humeur et en ayant du plaisir!

CHAPITRE 2

L'apprentissage de la propreté : pourquoi, à quel âge et comment?

Lorsqu'un enfant n'est plus aux couches, il s'agit d'une libération pour les parents! Une libération côté temps, odorat, finances... et même du point de vue écologique! Pour l'enfant, il s'agit d'un gain d'autonomie qui peut lui procurer de la fierté et de la confiance en soi. Dans ce chapitre, il sera question de quelques faits sur l'apprentissage de la propreté. Vous verrez d'abord les facteurs qui peuvent motiver les parents à vouloir que leur enfant soit propre. Ensuite, il sera intéressant de se pencher sur l'évolution des techniques utilisées par les parents au cours du dernier siècle. Enfin, quelques statistiques vous feront réaliser à quel point l'apprentissage de la propreté peut varier d'un enfant à l'autre.

Des facteurs de motivation pour les parents

Histoire de s'amuser un peu avec les chiffres, nous pouvons faire un petit calcul... si l'on considère que durant sa première année de vie, bébé aura besoin de six changements de couche par jour, cela représente 2 190 changements de couche durant cette année. Si, lors de la deuxième année de vie de l'enfant, les choses s'améliorent un peu et que les changements de couche sont nécessaires cinq fois par jour, 1 825 changements de couche seront faits au cours de cette deuxième année. Si, à son troisième anniversaire, fiston ou fillette n'est pas encore propre, ce n'est pas moins de 5 000 changements de couche que les parents auront effectués (Ezzo & Bucknam, 2005)!!!

Au-delà de la tâche que les changements de couche impliquent, on peut également faire le calcul de leur impact sur les finances de la famille. Si, en moyenne, une couche coûte entre 17 et 30 sous l'unité, on peut considérer qu'entre 0 et 2 ans, les parents dépenseront environ entre 600 $ et 1 200 $ pour l'achat de couches... il y a de quoi être motivé à entraîner fiston ou fillette à la propreté! Cela équivaut à bien des petites gâteries que la famille pourrait s'offrir ou encore à un bon premier dépôt dans le compte REEE de l'enfant!

De plus, certains parents plus conscients de l'importance de la cause environnementale peuvent y voir une nouvelle motivation à commencer l'entraînement à la propreté. Bien sûr, il existe des solutions écolos, telles que les couches de coton et les services de livraison de couches propres et de collecte de couches souillées. Mais selon des données récentes, sachez qu'en Amérique du Nord, les couches jetables sont toujours les plus populaires puisque 85 % des gens les choisissent. D'autres données indiquent que pour le Canada, cela représente environ 4 millions de couches jetées chaque jour (Loew, 2003).

La fréquentation d'une garderie peut également influencer la motivation à s'empresser à commencer l'apprentissage de la propreté... chez l'enfant et chez les parents! En effet, certaines éducatrices exerce-ront une certaine pression sur les parents pour que l'apprentissage se fasse plus rapidement, tandis que d'autres offriront gentiment leur soutien pour plus de cohérence entre la maison et la garderie. Il ne faut pas oublier également que l'enfant pourrait être influencé positivement par ses pairs qui sont propres... en voulant les imiter.

Enfin, un autre facteur qui peut motiver les parents à commencer plus tôt l'entraînement à l'utilisation du petit pot est les irritations cutanées que peut parfois causer l'utilisation des couches.

En réponse à la motivation de certains parents de rendre leur enfant propre de façon efficace, de nombreux professionnels se prononcent et proposent des approches pour l'apprentissage de la propreté. Pour comprendre l'origine des conseils que peuvent parfois nous prodiguer nos mères, nos belles-mères et peut-être même nos grand-mères, prenons le temps d'apprendre un peu comment le domaine de l'apprentissage de la propreté a évolué au cours du dernier siècle.

Petite histoire de l'apprentissage de la propreté en Amérique du Nord

Même si notre génération est parfois blâmée pour vouloir insérer de force l'entraînement à la propreté de nos enfants dans les petites cases de nos agendas trop chargés, une recherche dans la documentation scientifique nous informe qu'au cours des dernières décennies, l'âge auquel les parents commencent à entraîner leur enfant à la propreté a en fait augmenté. Dans les années 1930, de nombreuses mères commençaient à entraîner leur bébé lorsqu'ils étaient âgés de seulement 3 mois! Après la Seconde Guerre mondiale, le célèbre Dr. Spock recommandait aux mères d'attendre que l'enfant soit âgé d'entre 7 et 9 mois avant de commencer l'entraînement à la propreté. Permettez-moi de dire au passage, pour ceux qui ne connaissent pas Dr. Spock, qu'il n'a rien à voir avec *Star Treck*! En fait, Dr. Benjamin Spock a contribué à l'éducation de très nombreux *baby-boomers* nord-américains. Dans ses belles années, son livre *The Common Sense Book of Baby and Child Care* était le deuxième livre le plus vendu aux États-Unis... après la bible (Spock, 1948).

Ensuite, au début des années 1960, Dr. T. Berry Brazelton, un célèbre pédiatre auteur de livres à succès, recommandait aux parents d'attendre que l'enfant soit âgé d'entre 2 et 2 1/2 ans avant de commencer l'entraînement (Brazelton, 1962). À cette époque, 90 % des enfants de moins de 2 ans étaient aux couches... comme quoi les auteurs à succès ont de l'influence sur les décisions parentales!!! En 1999, ce même Dr. Brazelton révisait ses recommandations des années 60 et soulignait que la majorité des enfants ne sont pas prêts pour cet apprentissage avant l'âge de 3 ans (Brazelton, Stadtler, & Gorski, 1999). Ces dernières recommandations ont été adoptées par la prestigieuse American Academy of Pediatrics, et aujourd'hui, le tiers des enfants de 3 ans portent encore des couches (Crane, 2006).

Avec toute cette évolution dans les recommandations des experts, ne vous surprenez pas si vos mères, vos grands-mères et vos belles-mères vous arrivent avec des suggestions fort différentes de ce que vous retrouvez dans la documentation d'aujourd'hui, ou de ce que vos amies ont utilisé comme technique. Elles ne cherchent pas à vous induire en erreur, mais les temps, les modes et le savoir changent au fil des décennies...

L'apprentissage... à quel âge l'enfant est-il prêt et combien de temps lui faut-il?

Aujourd'hui, la plupart des auteurs et la Société canadienne de pédiatrie recommandent une approche orientée vers l'enfant (Société canadienne de pédiatrie, 2008). Cela signifie que l'on doit respecter le rythme de développement de l'enfant lorsque l'on souhaite débuter l'entraînement à la propreté. Donc, ce n'est que lorsque celui-ci manifeste les signes qu'il est prêt que les parents devraient commencer à utiliser différentes techniques pour favoriser l'apprentissage et encourager l'enfant.

La plupart des enfants peuvent montrer les signes qu'ils sont prêts PHYSIQUEMENT à l'apprentissage de la propreté entre les âges de 18 et 24 mois. Par contre, il y a une plus grande variation dans l'âge de la manifestation des signes PSYCHOLOGIQUES qui annoncent que l'enfant est prêt à cet apprentissage. Donc, ne vous surprenez pas si le petit voisin a commencé à être propre à 24 mois, alors que fiston porte toujours sa culotte d'entraînement à 36 mois. Je vous dirais même qu'il peut y avoir de grandes différences entre les enfants d'une même famille, étant donné que chacun a son tempérament. Et ne concluez pas à un retard de développement si votre cadet met deux mois de plus à devenir propre qu'il en a fallu pour votre aîné.

Donc, à la fameuse question « À quel âge un enfant peut-il être propre? » je suis obligée de répondre un vague « Ça dépend »! D'abord, sachez qu'il existe de grandes différences culturelles entre les méthodes utilisées par les parents de différents coins du monde pour aider l'enfant à devenir propre (deVries & deVries, 1977). Mais pour être plus précise, disons qu'en moyenne, dans les pays occidentaux, l'apprentissage se fait entre les âges de 24 et 48 mois (Brazelton, 1962)... et que j'ai rarement vu un enfant commencer la maternelle avec une couche! Certaines études démontrent que l'apprentissage est parfois un peu plus rapide chez les filles que chez les garçons (Largo, Molinari , von Siebenthal, & Wolfensberger, 1999). De plus, il est important de comprendre que la propreté pour l'urine et celle pour les selles ne se produisent pas nécessairement en même temps, et il arrive souvent que l'enfant soit propre de jour bien avant de pouvoir l'être la nuit (pour les pipis). (Brazelton, 1962; Oppel, Harper, & Rider, 1968). Pour ce qui est du rythme d'apprentissage, il varie aussi selon l'enfant. Mais disons que si vous attendez le moment où l'enfant démontre qu'il est prêt et **si *vous* êtes vous-même prêt comme parent**, l'apprentissage pourra durer, en moyenne, entre trois et six mois avant que la propreté ne soit complètement acquise (Société canadienne de pédiatrie, 2008; Stenhouse, 1988). Eh oui! Le parent aussi doit être dans des conditions particulières pour mieux favoriser l'apprentissage de son enfant... c'est ce que nous verrons au chapitre 4. Pour le moment, le chapitre suivant vous informera sur les signes indiquant que l'enfant est prêt à commencer l'entraînement à la propreté.

CHAPITRE 3

Comment savoir si l'enfant est prêt?

Ce n'est pas l'âge de l'enfant qui détermine s'il est prêt à faire l'apprentissage de la propreté, mais bien sa réceptivité à ce type d'apprentissage. Dans ce chapitre, vous constaterez que cette réceptivité dépend de sa maturité dans plusieurs sphères de son développement. Ainsi, même si des parents ont toutes les raisons de vouloir commencer à entraîner leur enfant à la propreté, il faut attendre qu'il ait atteint certains critères de développement, avant d'amorcer les démarches d'apprentissage. Si vous commencez avant que l'enfant ne soit prêt, l'apprentissage n'en sera que plus long, ce qui risquera d'avoir pour effet de vous frustrer et de faire naître un sentiment d'échec chez vous et chez l'enfant.

Même si vous êtes las de changer les couches, même si vous commencez à trouver qu'elles coûtent cher, même si vous avez une soudaine conscience de leur impact sur l'environnement, même si votre enfant a les foufounes irritées par les couches, la pire attitude à adopter est d'entrer dans une lutte de pouvoir avec un enfant qui n'est pas prêt à l'apprentissage de la propreté.

Vous devrez donc tenir compte des points suivants :
- la maturité des organes biologiques impliqués dans l'élimination de l'urine et des selles;
- le développement moteur de l'enfant (pour qu'il soit stable sur le pot);
- son développement sur le plan du langage, tant au niveau expressif qu'au niveau réceptif (exprimer ses besoins, comprendre des consignes);
- son développement social (désir de plaire, désir d'autonomie, désir d'imiter les autres);
- sa collaboration à respecter les consignes (contrairement à l'opposition) et sa relation avec vous (qualité de l'attachement) (Société canadienne de pédiatrie, 2008; Brazelton, 1962);
- sa motivation et de son intérêt à apprendre.

Quelques faits sur la biologie de l'élimination

D'abord, sachez que le fonctionnement de la vessie et celui des intestins ne sont pas vraiment reliés... il s'agit de deux systèmes indépendants, impliquant des sensations et des organes différents. Nous les croyons reliés parce qu'ils font tous les deux partie du processus général d'élimination et que nous souhaitons habituellement que l'apprentissage de la propreté se fasse simultanément pour l'urine et pour les selles.

Selon les écrits de plusieurs pédiatres, le contrôle de la vessie serait plus complexe que le contrôle des intestins, puisqu'il requiert la maturation de plus d'éléments neurologiques et physiologiques. Pour le contrôle des intestins, les seuls préalables seraient la capacité de l'enfant à s'asseoir droit et le désir des parents à mettre de l'énergie à l'entraînement.

Pour cette raison, concentrons-nous d'abord sur le fonctionnement de la vessie. Après le processus de digestion, le sang est dirigé vers les reins pour la filtration, tandis que les déchets solides sont dirigés vers le colon (gros intestin) pour expulsion ultérieure. Pour vous donner une petite idée, chez un adulte, les reins filtrent 300 fois chaque jour le sang contenu dans l'organisme, ce qui représente environ 1 600 litres de liquide chaque 24 heures. De tout ce liquide, environ 1,5 litre de déchet liquide, c'est-à-dire l'urine, est dirigé vers la vessie. La vessie se remplit lentement, goutte à goutte, ce qui fait en sorte que nous n'avons pas vraiment conscience de ce processus. Du moins, jusqu'à ce que les parois de la vessie commencent à s'étirer parce que la vessie est presque pleine. À ce moment, des nerfs situés sur la paroi de la vessie, que nous pourrions appeler « récepteur d'étirement de vessie », envoient un message au cerveau indiquant qu'il commence à être temps d'aller à la toilette pour vider la vessie. Par apprentissage et conditionnement, nous avons appris à contrôler les muscles de notre vessie jusqu'à ce que nous trouvions un endroit où il sera socialement acceptable d'éliminer l'urine... habituellement à la toilette, ou dans une cachette quelconque lorsque le signal du « récepteur d'étirement de vessie » devient trop inconfortable avant d'arriver à trouver une toilette (souvent lors de longs voyages en voiture)! Lorsque nous trouvons enfin un endroit approprié pour nous soulager, deux types de muscles sont alors impliqués :

- ceux qui se situent autour des parois de la vessie se contractent pour en expulser le contenu, un peu comme lorsque l'on presse sur les parois d'une bouteille de savon à vaisselle pour en faire sortir le liquide;
- les sphincters, formant une espèce de petite porte permettant de contenir l'urine dans la vessie, se détendent ou se relâchent pour permettre à l'urine de sortir du corps (en passant par l'urètre). Les sphincters sont en quelque sorte comme le bouchon rétractable de la bouteille de savon à vaisselle.

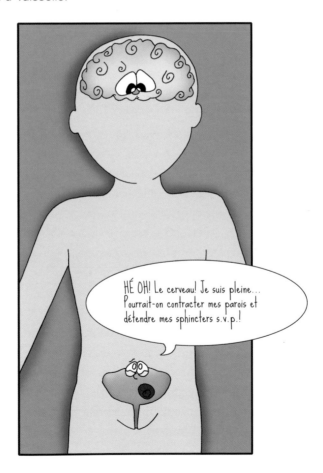

Chez les bébés, le processus est légèrement différent. Au lieu de prendre eux-mêmes la décision de contrôler les muscles de leur vessie, c'est une espèce de pilote automatique qui prend la décision à leur place. Donc, chez les bébés, l'élimination de l'urine est un réflexe plutôt qu'une décision consciente comme chez l'adulte. Lorsque le liquide atteint un certain niveau dans la vessie du jeune enfant, la vessie expulse automatiquement l'urine à travers le muscle sphinctérien. Les chercheurs ne savent pas vraiment encore vers quel âge le pilote automatique se met à *off* pour laisser place au processus de décision consciente. Seulement certaines théories, et quelques grands-mères expérimentées, vous diront que le changement s'effectue lorsque l'enfant est âgé de 18 à 22 mois. Ce changement ne signifie pas pour autant que l'enfant est prêt à faire l'apprentissage de la propreté...

Selon les auteurs Ezzo et Bucknam (2005), pour ce qui est de la vessie, deux étapes doivent être franchies avant de commencer l'entraînement. Premièrement, il y a la période d'éveil qui survient entre 18 et 24 mois (rappelez-vous qu'il ne s'agit que de moyenne... chaque enfant est différent). Durant cette période, l'enfant reconnaît une pression dans la vessie, mais ne sait pas trop ce que cette sensation signifie ni quoi faire avec. Ensuite, il y a la période médiatrice, qui survient entre les âges de 22 et 32 mois. Durant cette période, l'enfant devient conscient du contrôle qu'il exerce sur sa vessie et sur la rétention ou l'élimination de l'urine. Il peut alors associer une cause à un effet. D'abord, il reconnaît la sensation de tension de la vessie, ensuite il reconnaît la sensation d'élimination de l'urine, pour enfin reconnaître la sensation de porter une couche mouillée! Avec la reconnaissance de ces sensations apparaissent souvent plusieurs signes comportementaux indiquant que l'enfant est prêt à l'apprentissage de la propreté... par exemple, l'enfant cesse soudainement son activité, fait ses besoins, tire sa couche, puis vous demande de la changer immédiatement!

La même réaction en chaîne peut être observée lorsque l'enfant élimine ses selles. Cependant, tel que mentionné précédemment, le processus d'élimination des selles est beaucoup moins complexe que celui de l'urine. De plus, un des facteurs qui facilitent l'apprentissage de la propreté pour les selles est qu'elles s'éliminent moins fréquemment que l'urine et à des moments plus facilement prévisibles, lorsque l'enfant a atteint une certaine régularité. Cela favorise la capacité du parent à donner la consigne à l'enfant d'aller sur le petit pot au bon moment.

Mais pour qu'une chaîne de réactions aussi complexe se produise chez votre enfant, d'autres sphères de son développement doivent être arrivées à maturité. Souvent, l'enfant est prêt physiquement (au niveau de la maturité des muscles de la vessie et du système nerveux), bien avant de l'être du côté moteur et/ou psychologique. Les prochaines sections aborderont ces autres sphères du développement de l'enfant, pour lesquelles un certain niveau de maturité est nécessaire à l'apprentissage de la propreté.

Les sphères de développement autres que le développement biologique

La motricité

Afin de pouvoir être propre, un enfant doit avoir franchi certaines étapes dans le développement de sa motricité. En effet, il doit pouvoir se lever, marcher sur une distance équivalente à celle qui sépare la cuisine ou la salle de séjour à la salle de bain, et pouvoir se tenir assis, de façon stable et sans perdre l'équilibre sur une petite chaise. Il doit également pouvoir se déshabiller et se rhabiller seul, ou minimalement baisser et remonter son pantalon ou ses collants. Pour faciliter cette tâche ou pour favoriser la rapidité d'exécution, vous pourrez vous procurer des pantalons à bande élastique, qui seront plus faciles à retirer et à remettre. Il faut également penser que durant l'apprentissage de la propreté, vous voudrez apprendre à votre enfant à s'essuyer lui-même après avoir fait ses besoins (moyennant une vérification après l'opération pour s'assurer d'une bonne hygiène) et également lui montrer à se laver les mains avant de sortir de la salle de bain... ce qui demandera également à l'enfant d'avoir atteint certains acquis sur le plan de la motricité. Ce qu'il faut retenir de tout ça, c'est que l'apprentissage de la propreté se fera beaucoup plus facilement si l'enfant peut se déplacer seul, se lever et s'asseoir, prendre une position stable lorsqu'il est assis et manipuler ses vêtements et autres objets de façon autonome...

Le langage

L'enfant doit également pouvoir comprendre le langage parlé et surtout pouvoir exprimer ses besoins de façon assez claire. En effet, l'entraînement qui aura lieu au cours des prochaines semaines ou des prochains mois impliquera une bonne communication entre l'enfant et vous.

Lorsque vous tenterez de le guider, une bonne compréhension des consignes verbales de sa part favorisera les apprentissages et les succès. Il doit donc pouvoir comprendre des consignes simples telles que « Suis-moi à la salle de bain, baisse ton pantalon, assieds-toi sur le petit pot... ».

Il sera plus facile de bien guider votre enfant, en considérant ses besoins et ses sensations, si ce dernier possède le vocabulaire nécessaire pour les exprimer clairement. Le simple fait d'avoir un vocabulaire pour nommer l'urine, les selles et l'envie d'éliminer peut grandement favoriser l'apprentissage.

La maturité sociale

D'un point de vue social, l'enfant qui a le désir d'interagir avec les autres et de vouloir imiter les plus vieux sera favorisé dans son apprentissage de la propreté. Le fait d'être intégré à un groupe de pairs dans une garderie ou encore d'avoir la possibilité d'observer des frères, des sœurs, des cousins ou des cousines ou encore des amis du même âge ou un peu plus vieux peut favoriser l'apprentissage par imitation ou par observation. Encore faut-il que l'enfant exposé à d'autres enfants ait la maturité sociale pour s'intégrer, s'intéresser au comportement des autres et vouloir atteindre une plus grande autonomie.

Si c'est le cas, il aura la confiance nécessaire à l'apprentissage de la propreté et il sera exposé à de nombreuses situations lui permettant de comprendre qu'il devra un jour éliminer son urine et ses selles dans un petit pot et de comprendre également la façon d'utiliser ce nouvel objet dans sa vie.

La maturité des comportements

L'observation des comportements de l'enfant peut également permettre de déterminer s'il est prêt ou non à faire l'apprentissage de la propreté. À titre d'exemple, même lorsqu'il joue à un jeu des plus intéressants, l'enfant doit être capable de cesser ce qu'il fait pour aller au petit pot au moment nécessaire. De plus, il doit manifester la capacité de rester assis tranquille cinq minutes, ou du moins le temps nécessaire pour éliminer l'urine et / ou ses selles.

Un enfant qui papillonne d'une activité à l'autre toutes les deux minutes et qui éprouve des difficultés à rester assis calmement pendant une période prolongée éprouvera de la difficulté à collaborer lorsqu'on lui demandera de s'asseoir sur le petit pot.

La motivation, l'intérêt et la collaboration

Avant de commencer l'entraînement à la propreté, il faut également se questionner sur le niveau de motivation et l'intérêt de l'enfant à vouloir faire cet apprentissage. Est-ce qu'il pose des questions lorsque vous ou d'autres enfants plus vieux allez aux toilettes? Se montre-t-il curieux et intéressé lorsque vous lui dites qu'un jour, il ne portera plus de couche et fera pipi ou caca dans un petit pot? Votre enfant peut bien avoir la maturité physique et intellectuelle requise à l'apprentissage de la propreté, si ça ne l'intéresse pas, l'apprentissage risque d'être long et décourageant.

Il est aussi important de vous questionner sur le niveau de collaboration habituel de votre enfant à vos consignes. N'oubliez pas que l'âge moyen auquel un enfant est prêt à faire l'apprentissage coïncide avec le fameux *terrible two*! Même si vous savez qu'il est intellectuellement capable de comprendre des demandes simples, comment y réagit-il habituellement? A-t-il un tempérament difficile? A-t-il tendance à s'opposer à vos demandes pour obtenir votre attention ou pour entrer dans une lutte de pouvoir?

Au-delà d'être capable de reconnaître la sensation d'une vessie pleine, de contrôler les muscles de sa vessie, d'être capable d'exprimer verbalement son envie et de comprendre les consignes de ses parents... l'enfant doit VOULOIR contrôler ses envies et apprendre à éliminer dans le petit pot plutôt que dans sa couche.

Relation avec les parents

Quand la relation entre les parents et l'enfant est négative, l'apprentissage de la propreté risque d'être long et difficile. Pour affronter la nouveauté et avoir envie d'apprendre, l'enfant doit faire confiance à ses parents et ne pas craindre leur colère en cas d'échec. Cela implique qu'il y ait un attachement sain entre l'enfant et ses parents. Dans ce cas, l'enfant se sent à l'aise d'explorer lorsqu'il se trouve dans un nouvel environnement en présence de ses parents et il accourt vers sa mère ou son père lorsque quelque chose lui fait peur.

Pour arriver à ce genre de relation, les parents doivent passer du temps avec l'enfant, lui manifester leur affection (verbalement et physiquement, par des paroles douces, des bisous et des câlins) et avoir des moments positifs avec lui, par exemple en jouant régulièrement ensemble.

De plus, autour de l'âge de 2 ans, les parents doivent commencer à encadrer l'enfant, car, au risque de me répéter, il s'agit de l'âge approximatif où l'enfant commencera à tester les limites (*terrible two*). Des attentes ou des consignes claires, des routines et des limites constantes feront en sorte que l'enfant sera sécurisé par cet encadrement, même si cet encadrement peut aussi le frustrer!

Les parents doivent donc s'efforcer de trouver un équilibre entre répondre au besoin d'affection de l'enfant et son besoin d'encadrement... ce n'est pas facile, mais quand on vise cet objectif, on peut s'approcher suffisamment de cet équilibre pour que notre relation avec l'enfant soit saine et positive. En cas de difficulté, je vous suggère de consulter le volume 1 de la présente collection (*Ah non.. pas une crise!*).

Ouf! Ça fait beaucoup de détails à retenir afin de pouvoir évaluer si votre enfant est prêt ou non à faire l'apprentissage de la propreté. Pour vous aider, voici un tableau qui résume des signes concrets et facilement observables, indiquant que votre enfant est probablement prêt à débuter son apprentissage.

Rassurez-vous, l'enfant n'a pas à démontrer TOUS ces signes... les plus importants sont indiqués dans la première section (recommandations de la Société canadienne de pédiatrie ou SCP, 2008).

Tableau synthèse des signes de réceptivité de l'enfant à faire l'apprentissage de la propreté

	Signes	Acquis ✓	Non acquis ✓
Signes principaux (selon la SCP)	Est capable de marcher jusqu'au petit pot.		
	Est capable d'être stable une fois assis sur le petit pot.		
	Est capable de rester au sec plusieurs heures (plus de deux).		
	Est capable de suivre des consignes simples (langage réceptif).		
	Est capable d'exprimer ses envies, son besoin d'utiliser le pot (langage expressif).		
	A le désir de plaire, dû à une relation positive avec les parents et les éducateurs (et non par la peur d'une punition).		
	A le désir d'être autonome et d'apprendre l'utilisation du petit pot (intérêt et motivation).		
Autres signes concrets	Fait ses selles à des heures assez régulières.		
	S'éveille de sa sieste au sec.		
	Cesse son activité lorsqu'il urine ou défèque.		
	Prend une position particulière lorsqu'il élimine.		
	Vous demande de changer sa couche lorsqu'elle est souillée.		
	Tire sur sa couche, ou tente de la décoller de sa peau lorsqu'il vient d'éliminer.		
	Pleure, chigne ou dit simplement « pipi » ou « caca » en pointant sa couche.		
	S'intéresse aux sous-vêtements des grands.		
	Veut imiter ses parents ou d'autres grands en allant à la toilette.		
	Est capable de comprendre et de suivre des consignes simples.		
	Peut s'asseoir et jouer calmement pendant cinq minutes (le temps qu'il faut pour éliminer).		
	Peut ranger ses choses là où elles vont.		
	Peut s'habiller et se déshabiller seul.		
	Possède un vocabulaire pour l'urine et les selles.		

CHAPITRE 4

Est-ce que le contexte est favorable?

Que l'enfant soit prêt ou non, d'autres facteurs dans son environnement peuvent favoriser ou faire obstacle à son apprentissage... Le principal de ces facteurs étant vous, son parent!

Êtes-vous prêt, motivé, disponible et surtout... zen?

Avant d'entamer l'entraînement à la propreté de votre enfant, non seulement ce dernier doit manifester les signes qu'il est prêt à le faire, mais vous également, le parent! Si de nombreux signes démontrent que l'enfant est prêt, cet apprentissage, avec les bonnes techniques, devrait être relativement simple et rapide. Mais comme votre relation avec l'enfant a un rôle à jouer dans la qualité et la rapidité de l'apprentissage, et parce que tous les enfants ressentent les émotions de leurs parents, inutile de dire que vous devriez attendre un moment où vous êtes calme, positif et disponible pour entamer l'entraî-nement. Il est important de vous questionner sur VOTRE propre niveau de préparation à l'apprentissage de la propreté de votre enfant...

Un parent qui n'est pas prêt et qui tente tout de même de commencer l'entraînement à la propreté risque de faire un « faux départ ». Cela se produit lorsqu'un parent prépare un enfant mentalement et lui crée des attentes (ex. : « Tu vas avoir un petit pot, nous allons faire un apprentissage, il y aura des récompenses... ») et que finalement, le parent abandonne la démarche avant le succès, faute de temps. Votre enfant peut ressentir votre motivation à faire les efforts pour l'entraîner, et si elle est faible ou même absente, cela affectera son attitude par rapport à l'apprentissage.

En fait, votre enfant peut ressentir toutes vos émotions : la fatigue, l'impatience, l'anxiété, le stress, le découragement... et toutes les émotions négatives auront un impact négatif sur son apprentissage. À titre d'exemple, certains parents ressentiront une anxiété de performance par rapport au rythme de développement de leur enfant. Est-ce qu'il commence à marcher selon les normes développementales? À parler, à s'habiller... à être propre? Cette anxiété peut provenir des commentaires que les autres font sur le développement de leur enfant... Est-ce que les commentaires de vos amies, de votre mère, de votre belle-mère peuvent facilement vous faire sentir incompétent comme parent? Si la réponse est oui alors, vous êtes un candidat à l'anxiété de performance dans vos compétences parentales, ce qui peut vous amener à mettre une pression indue sur les épaules de votre enfant afin qu'il se développe selon les « normes » non écrites que vous percevez dans les commentaires de votre entourage : « Ta nièce a été propre bien avant cet âge », « Il suce encore son pouce? », « Moi, à ta place, j'achèterais tout de suite son petit pot et je ne lui mettrais plus de couches »... Chaque enfant a son rythme de développement qu'il faut respecter. Certains seront plus rapides dans certaines sphères de leur développement que dans d'autres. Certains parents ont des enfants très moteurs qui sont très habiles physiquement, mais qui se mettent à parler très tard, d'autres ont des enfants qui font des phrases complètes, mais qui portent encore une couche!

D'autres sources de stress peuvent amener les parents à s'empresser de vouloir entraîner leur enfant à la propreté, dont les exigences des éducateurs à la garderie ou les politiques de l'établissement. Encore une fois, si votre enfant n'est pas prêt et si vous êtes trop stressé, vos efforts ne donneront pas les résultats escomptés et risquent même de retarder l'apprentissage de votre enfant, qui pourrait réagir en s'opposant.

Donc, votre meilleur allié dans le processus d'apprentissage de votre enfant sera une attitude zen, dégagée et détendue. L'entraînement sera beaucoup plus efficace si vous êtes calme, serein, patient et prêt à en faire un jeu... votre enfant n'en sera que plus motivé! Donc, cher parent, si vous êtes présentement dans une période stressante de votre vie et que vous avez hâte que fiston ou fillette abandonne les couches, il vous faudra peut-être sortir votre tapis de yoga! Inspirez.... expirez....

Notez qu'il est important que les <u>deux</u> parents se sentent prêts et qu'ils collaborent en s'entendant d'abord sur l'approche à utiliser. Il est possible qu'un des deux parents assume davantage cette responsabilité (parce qu'il est plus présent ou disponible, par exemple), mais l'autre doit au moins offrir son soutien. De plus, lorsque vous avez une bonne relation avec l'éducatrice de l'enfant (en milieu familial ou en garderie), vous pouvez également l'informer que vous amorcerez bientôt l'entraînement et lui demander son opinion ou son soutien.

En terminant, si vous êtes présentement dans une phase stressante ou difficile de votre vie, attendez un peu avant de vous lancer dans la démarche. Si vous êtes présentement en plein déménagement, si vous vivez des problèmes financiers, si vous êtes enceinte et que cet état vous rend émotive ou vous affaiblit, si vous venez d'accoucher, si vous venez de perdre un être cher, prenez une pause, prenez soin de vous et attendez un peu avant de déployer des efforts pour orienter votre enfant vers le petit pot. Il apprendra peut-être à un âge un peu plus vieux que la moyenne, mais la période d'apprentissage sera beaucoup plus courte et efficace si son *coach* est en forme, disponible et de bonne humeur!

Tableau synthèse d'exemples de facteurs pouvant faire obstacle à l'apprentissage de la propreté

L'enfant n'est pas prêt physiquement ou psychologiquement.
L'enfant est malade.
La famille est en déménagement ou il y a des rénovations importantes à la maison.
Un des parents change d'emploi.
Un des parents a perdu son emploi.
La famille vient de perdre un être cher.
La famille vient tout juste de s'agrandir (naissance d'un petit frère ou d'une petite sœur).
Maman vit une grossesse plus ou moins difficile (nausée et fatigue du premier trimestre, complications, inconfort de la fin de grossesse).
La famille vit des conflits importants.
La famille reçoit des invités pour plusieurs jours.
Toute situation stressante, éprouvante ou qui demande beaucoup d'énergie.

CHAPITRE 5

Le « préentraînement » de l'enfant

Au chapitre 3, vous avez constaté que l'enfant doit avoir atteint une certaine maturité avant de pouvoir faire l'apprentissage de la propreté. Vous devez donc évaluer, selon la présence de certains signes, s'il est prêt à recevoir votre entraînement. Dans le doute, je vous invite à mettre en pratique les recommandations de ce chapitre afin de mieux préparer votre enfant à l'entraînement. Nous pouvons donc parler d'un « préentraînement » !

Un peu comme le fait qu'il faille avoir terminé ses études primaires avant d'amorcer le secondaire, un bambin doit avoir fait certains acquis avant de faire l'apprentissage de la propreté avec succès. Si un parent commence l'apprentissage de la propreté avant que l'enfant ait fait ces acquis, ce n'est pas un drame, mais il doit être conscient que l'enfant ne sera jamais propre avant d'avoir ces préalables. Pensez-y : pourriez-vous exiger d'un enfant qu'il coure alors qu'il ne sait pas encore marcher?

Dans les mois qui précèdent l'apprentissage de la propreté, il est possible de favoriser l'acquisition des habiletés préalables à cet apprentissage.

Identifier l'acte d'éliminer

Il est important que l'élimination reste un phénomène normal et naturel aux yeux de l'enfant. Il faut donc éviter de rire de la situation ou encore de dire que ça pue ou que c'est dégoûtant. Le fait de souligner qu'une couche propre sent bon et est plus confortable est suffisant. L'apprentissage de la propreté sera alors associé à quelque chose de positif plutôt qu'à l'évitement de quelque chose de négatif, de dégoûtant ou d'embarrassant.

Au moment de changer la couche de l'enfant, commencez à lui parler de ce pourquoi vous le faites, de ce qui s'est produit. « Tu as fait caca dans ta couche, le caca est sorti par tes fesses » ou encore, « Ta couche est mouillée parce que tu as fait pipi, maman fait pipi dans la toilette ». Vous pouvez également commencer à suggérer qu'une couche propre et sèche est beaucoup plus confortable qu'une couche souillée et humide. Cela pourrait contribuer à motiver l'enfant à apprendre à rester propre et au sec.

Toujours lors du changement de couche, vous pouvez montrer à l'enfant que vous jetez ses selles dans la toilette. Vous pouvez même lui faire tirer la chasse d'eau si ça l'intéresse. L'habituer à un jeune âge à ce processus et à ce bruit peut prévenir la peur de la toilette et de la chasse d'eau que certains enfants développent durant l'apprentissage de la propreté. Attention! Ces actions ne feront pas en sorte que l'enfant sera propre le lendemain matin... il s'agit simplement ici de préparer le terrain.

Si vous êtes assez observateur, vous pourrez profiter des moments où vous remarquez que l'enfant est en train de faire ses besoins pour le lui souligner, et ce, AU MOMENT MÊME OÙ IL LE FAIT. À titre d'exemple, il peut arriver que l'enfant élimine ses selles dans la baignoire ou que vous sentiez sa couche devenir plus lourde et chaude pendant que vous le portez dans vos bras. Ce sont des moments idéaux pour lui dire : « Oh! Tu es en train de faire pipi ou caca! » Attention! Il s'agit simplement de faire l'observation gentiment, en souriant... pas en se moquant de l'enfant ou en le culpabilisant. Il doit ressentir que vous ne faites qu'observer un phénomène normal. Cela permettra éventuellement à l'enfant de mieux reconnaître les sensations physiques qui précèdent l'élimination (pression de la vessie), celles qui ont lieu durant (soulagement) et après (couche souillée et / ou humide). Vous pouvez même préparer l'enfant en lui disant : « Un jour, tu feras pipi ou caca dans la toilette ».

Développer un vocabulaire

On sait que l'enfant doit avoir atteint un certain niveau de développement sur le plan du langage avant de pouvoir apprendre à utiliser le petit pot. Il doit pouvoir comprendre une ou deux consignes simples et exprimer ses besoins. Si l'enfant n'a pas encore atteint ce stade, on peut lui apprendre le vocabulaire dont il aura besoin durant l'apprentissage de la propreté. Ainsi, il pourra se concentrer sur l'acte quand ce sera le moment, plutôt que d'avoir à apprendre tout un lexique en même temps que la technique!

Cela peut sembler banal au départ, mais beaucoup de mots et de concepts sont directement ou indirectement reliés à l'élimination et aux routines qui l'entourent. Entre autres, votre enfant doit comprendre les concepts suivants : mouillé, sec, sale, propre, laver, essuyer, tirer la chasse, papier hygiénique...

Vous devrez également choisir des mots qui vous semblent acceptables pour désigner l'urine, les selles et les parties de l'anatomie de votre enfant devant d'autres gens. Libre à vous de choisir les mots que vous utiliserez, mais si je peux vous donner un conseil, n'ayez pas trop le souci d'utiliser un langage scientifiquement exact. Votre enfant sera probablement plus à l'aise d'utiliser les mêmes mots que les autres enfants de la garderie qu'il fréquente. Cela peut impliquer qu'il fera éventuellement des blagues enfantines de « pipi-caca », mais d'un autre côté, est-ce que vous vous voyez en train de dire à fiston : « Est-ce que tu ressens une tension dans ton rectum, t'indiquant que tu devras bientôt déféquer? » !

Le tableau suivant est un outil pour que vous fassiez le choix des mots qui désigneront les différents aspects de l'apprentissage de la propreté. Utilisez-le afin d'avoir un vocabulaire constant et cohérent entre les deux parents. Vous pourrez même en discuter avec l'éducatrice de la garderie, afin que le vocabulaire utilisé soit similaire dans tous les milieux que l'enfant doit fréquenter.

Tableau pour le choix des mots

Termes ou concepts	Exemples de mots faciles	Choix retenu
Toilette ou pot	Petit pot, toilette, salle de bain	
Urine	Pipi, numéro un	
Selle	Caca, numéro deux	
Vulve	Parties privées, vulve...	
Pénis	Parties privées, pénis...	
Fesses / rectum	Fesses, derrière, foufounes...	
Flatulences	Gaz, pet...	

Démonstration de l'acte ou de ce qui l'entoure

Certains parents sont très pudiques, d'autres pas du tout. Si vous ne l'êtes pas vraiment, le fait d'aller à la toilette devant votre enfant (sans nécessairement lui montrer tous les détails) pourrait éveiller son intérêt et l'aider à comprendre ce qu'il devra éventuellement accomplir. Vous servirez alors d'exemple, et de support visuel à sa compréhension. Vous pouvez dire : « Ah! J'ai envie de faire pipi, je m'en vais à la toilette » et laisser l'enfant vous suivre s'il se montre curieux. Vous pouvez expliquer ce qui se passe pendant que vous êtes assis sur la toilette. Vous pourrez alors lui dire que tous les gens qui utilisent la toilette (vous y compris) ont déjà porté des couches, et font maintenant pipi ou caca dans la toilette. Vous pouvez rappeler à l'enfant qu'il en sera bientôt de même pour lui aussi.

Bien entendu, vous devez être à l'aise avec l'idée de la démonstration... Il n'est pas absolument nécessaire d'exhiber ces moments intimes de votre journée si vous ressentez une pudeur à cet égard! Par contre, soyez conscient que lorsque fiston ou fillette sera propre, il est fort possible qu'il vous imite éventuellement en réclamant à son tour une certaine intimité lors de ses visites à la toilette. Il faudra alors vous assurer que la salle de bain soit sécuritaire et qu'elle ne comporte aucun risque (rendre inaccessibles les médicaments, ciseaux, rasoirs et autres objets dangereux). Puisque ce que vous faites derrière la porte de la salle de bain demeure un mystère pour lui, il sera possible de lui apprendre ce qui se passe lorsque l'on va à la toilette ou sur le petit pot à l'aide de livres pour enfants sur le sujet. Il en existe plusieurs en français (voir livres de référence à la fin du livre). Lire ces livres sans avoir la pression d'agir tout de suite rend l'apprentissage agréable et amusant pour l'enfant. Cela constitue une bonne préparation.

Vous pouvez également faire l'achat du petit pot durant cette phase de préparation et le laisser dans la salle de bain afin que l'enfant se familiarise avec l'instrument. Laissez-le le regarder, le manipuler, jouer avec, et idéalement... imiter papa, maman ou les personnages de ses livres en s'assoyant dessus. Le fait qu'il s'assoit dessus (tout habillé) vous permettra également d'évaluer s'il a la motricité nécessaire pour débuter l'apprentissage (stabilité, équilibre en s'assoyant et en se levant du petit pot).

Apprendre à suivre des consignes et acquérir plus d'autonomie

Un des préalables à l'apprentissage de la propreté est la capacité de suivre des consignes simples, et ce, pour une raison : lorsque vous commencerez l'entraînement de fiston ou de fillette, vous utiliserez plusieurs consignes : « Suis-moi à la salle de bain, baisse tes pantalons, assieds-toi, fais pipi, prends le papier de toilette, essuie-toi, remonte tes pantalons, monte sur la marche, mouille tes mains, mets un peu de savon dans tes mains, rince tes mains, essuie tes mains... ». Donc, si fiston ou fillette a de la difficulté à suivre une ou deux consignes toutes simples, l'entraînement à la propreté sera difficile.

Il y a moyen de commencer à habituer votre enfant à suivre des consignes simples avant de commencer l'apprentissage de la propreté. L'idée est d'habituer l'enfant à suivre des consignes dans d'autres contextes d'abord. Vous pouvez lui demander de mettre ses jouets dans un bac, de placer des vêtements dans le panier à linge sale, d'aller chercher un objet auquel il a accès... Au début, vous verrez que cet exercice requerra beaucoup de répétitions et d'encouragements. Vous aurez peut-être même à aider l'enfant à accomplir la tâche. Mais, avec le temps, l'enfant prendra de plus en plus d'autonomie dans l'exécution des consignes et s'il parvient à intégrer qu'elles font partie d'une routine, vous aurez de moins en moins à les répéter. Lorsqu'il suivra les consignes avec succès, n'oubliez surtout pas de le valoriser, de le féliciter et de lui rappeler à quel point vous êtes fier qu'il devienne un grand garçon qui est « capable tout seul », comme il le dit probablement si bien! Si l'enfant se sent heureux lorsqu'il prend conscience de ses nouvelles capacités, c'est un indice que l'apprentissage des nouvelles consignes reliées à l'entraînement à la propreté pourrait être motivant pour lui... et ça, c'est une bonne chose pour vous!

Continuer la promotion du « Je suis capable tout seul », promouvoir l'autonomie

Au risque de me répéter, plus votre enfant prendra goût au fait d'être capable de faire les choses par lui-même, plus il aura suffisamment confiance en lui pour entamer l'apprentissage de la propreté positivement. En attendant, lorsque vous en avez le temps, le fait de favoriser le développement de son autonomie dans d'autres sphères peut être utile. À titre d'exemple, vous pouvez lui apprendre à se déshabiller et à s'habiller seul (ou avec un peu d'aide), à grimper seul dans son siège d'auto, à mettre et enlever son manteau... Ces gains au niveau de son autonomie feront en sorte qu'à ses yeux, l'apprentissage de la propreté ne sera qu'une source de valorisation de plus!

Voilà! Vous avez attendu les premiers signes de réceptivité à l'apprentissage de la propreté et vous savez les reconnaître grâce au chapitre 3. Le chapitre actuel vous a appris à préparer l'enfant à cet apprentissage... le chapitre suivant vous aidera à passer à l'action concrète!

CHAPITRE 6

Le rôle des parents

Votre enfant démontre les signes de réceptivité pour l'apprentissage à la propreté? Vous-même, en tant que parent, êtes dans une période calme de votre vie et êtes prêt à investir du temps et de l'énergie pour favoriser l'autonomie de votre tout-petit? Alors, il est temps de retrousser vos manches et de vous mettre au travail!

Être prêt!

Au risque de me répéter, laissez-moi vous rappeler à quel point vous devez être disponible et patient durant cette étape... Si vous êtes stressé, si vous avez d'autres préoccupations, vous risquez de manquer de patience et de disponibilité pour que cette étape de la vie de votre enfant se déroule sans heurt.

Il faut être disponible afin de pouvoir interrompre toute activité lorsque l'enfant manifeste l'envie d'aller à la toilette. Il faut être prêt à nettoyer les dégâts lors d'accidents. Il faut avoir la patience d'utiliser une approche positive basée sur la motivation et non sur la peur des punitions. Il faut pouvoir surveiller l'enfant, être à l'affût de ses signes biologiques pour le guider et reconnaître ses gains en autonomie en le valorisant et en l'encourageant. Il faut avoir le temps d'accompagner l'enfant lors des visites au petit pot et durant la routine qui suit (ex.: s'essuyer, remettre son pantalon, laver les mains). Il faut avoir l'enthousiasme et la bonne humeur pour en faire un jeu. Surtout, il faut être prêt à accepter les échecs et les rechutes avec sérénité, sans culpabiliser l'enfant.

Par conséquent, il faut éviter d'amorcer cette période d'apprentissage lorsque l'enfant ou vous-même n'êtes pas en forme, ou lorsque des distractions risquent de faire obstacle à l'apprentissage de l'enfant.

Avoir ce qu'il faut

Ça semble banal, mais un peu comme pour un sport ou pour l'école, l'entraînement à la propreté requiert un certain équipement, du moins certains objets. Vous pourriez même vouloir équiper toutes les salles de bain de votre maison, afin d'éviter d'avoir à courir avec l'enfant vers la seule salle de bain correctement équipée.

Évidemment, si ce n'est pas encore fait, il faudra vous procurer le petit pot ou le siège d'appoint pour la toilette. Je vous souhaite bonne chance dans votre magasinage, puisque ce ne sont pas les choix qui manquent!!! Il y en a de toutes les couleurs, du plus simple, au plus sophistiqué... il y en a même qui font une petite musique! Si votre enfant a tendance à se laisser facilement distraire, n'achetez pas un petit pot trop divertissant!

L'objectif est qu'il reste concentré sur ce qu'il a à faire. Pour la motivation, l'expression de joie des parents et quelques petites récompenses (autocollants) feront l'affaire… nul besoin d'un petit pot muni d'un haut-parleur qui félicite l'enfant ou qui lui chante une comptine. C'est VOTRE rôle d'encourager l'enfant, pas celui du pot! Les caractéristiques les plus importantes que le petit pot doit avoir, c'est d'être sécuritaire et de respecter votre budget.

Vous allez probablement avoir besoin également d'un petit banc pour que l'enfant puisse monter sur la toilette et avoir un appui pour ses pieds (dans le cas de l'utilisation d'un siège d'appoint), ou encore pour qu'il puisse se laver les mains après s'être levé du petit pot.

Vous vous demandez peut-être si vous devriez commencer l'entraînement avec le petit pot ou directement sur la toilette, avec un siège d'appoint? Cela demeure votre choix, mais sachez que certains pédiatres recommandent de commencer avec le petit pot, pour ensuite faire la transition vers la toilette avec siège d'appoint.

En effet, pour certains enfants, le petit pot sera moins « menaçant » que la grande toilette dans laquelle ils peuvent avoir peur de tomber ou dont le bruit de la chasse d'eau peut effrayer. Le petit pot est également plus facilement accessible que la toilette, ce qui peut procurer un plus grand sentiment d'autonomie à l'enfant. De plus, la position que prendra l'enfant sur le petit pot lui assurera une plus grande stabilité et facilitera l'élimination des selles d'un point de vue biomécanique (SCP, 2008).

Vous pouvez acheter tout de suite des sous-vêtements de grand garçon ou de grande fille, afin de motiver l'enfant et de lui faire comprendre que le grand jour arrivera bientôt (sans toutefois lui mettre de pression). Vous pouvez choisir une dizaine ou une douzaine de paires qui seront attirantes pour votre enfant (ex. : avec son personnage de livre ou de télé préféré). Toutefois, si vous tenez à vos tapis et à vos divans, vous ne voudrez sûrement pas faire une transition directe de la couche aux sous-vêtements… car il y aura sûrement des petits accidents de parcours!

Vous pouvez donc vous procurer des culottes d'entraînement régulières ou celles de type jetable, qui s'enfilent comme une culotte (telles que *Pull-ups*, *Easy-ups*), un choix très populaire chez les parents. Toutefois, ces culottes peuvent présenter un inconvénient... puisqu'elles ressemblent à des couches aux yeux de l'enfant, et qu'elles sont absorbantes, l'enfant ressent moins l'inconfort d'être mouillé après avoir uriné. Il peut donc être porté à se laisser aller, comme s'il portait une couche. C'est, en partie, le fait de comprendre le lien cause à effet entre l'élimination de l'urine et la conséquence d'une culotte mouillée et inconfortable qui motive l'enfant à aller sur le petit pot. De nouvelles variétés de couches-culottes jetables sont munies d'une bande qui reste mouillée à l'intérieur, ce qui est préférable pour que l'enfant puisse être guidé par son expérience sensorielle.

Une autre option, plus écologique et plus économique, consiste à acheter les traditionnelles culottes d'entraînement en coton épais. Certaines sont munies de rebords extérieurs en vinyle, pour éviter les fuites. Durant la période d'entraînement, vous souhaiterez peut-être vêtir l'enfant de pantalons à ceinture élastique, qui seront plus faciles pour lui à enlever et à remettre qu'un pantalon à fermeture éclair ou à boutons. Et plus il se sent capable d'accomplir les étapes lui-même, plus il sera confiant et motivé, grâce à un sentiment d'autonomie grandissant.

Pour les accidents nocturnes, vous pourriez éventuellement vouloir vous procurer un piqué pour le lit... Encore mieux, vous pourriez utiliser la technique de faire « doublement » le lit, avec des couvre-matelas en vinyle (Crane, 2006). Pourquoi? Parce que rares sont les parents qui ont envie de refaire un lit en plein milieu de la nuit, et qui réussissent à le faire sans avoir l'air fâché! Pour vous faciliter la vie, voici comment procéder :

1. Installez le couvre-matelas en vinyle sur le matelas.
2. Installez un drap contour et un drap plat.
3. Par-dessus le drap plat, installez un deuxième couvre-matelas de vinyle.
4. Installez un deuxième drap contour et un deuxième drap plat.
5. Finissez avec les couvertures et la couette.

Ainsi, si l'enfant a un accident nocturne, vous n'avez qu'à retirer l'ensemble de draps du dessus et le couvre-matelas... et voilà! L'enfant est déjà prêt à se recoucher dans des draps propres. Cela vous facilitera la tâche et préviendra une frustration qui risquerait de faire culpabiliser l'enfant. En passant, sachez que des données indiquent que seulement 45 % des filles et 35 % des garçons deviennent propres la nuit avant l'âge de 3 ans (Crane, 2006). La technique de faire « doublement » le lit peut donc s'avérer fort utile dans bien des foyers.

Apprendre à être propre, cela signifie également apprendre à s'essuyer le popotin après la besogne! Pour faciliter la tâche de l'enfant qui veut s'essuyer, vous pouvez mettre à sa disposition, dans la salle de bain, une petite boîte de lingettes humides, qui seront plus efficaces que le papier de toilette, surtout au début de l'apprentissage.

Vous aurez également besoin de certains outils pour montrer concrètement à l'enfant ce qu'il doit faire. Dans un chapitre précédent, nous avons déjà parlé de l'utilité de lui lire des petits livres d'histoires dans lesquels un personnage fait l'apprentissage de la propreté (voir la liste à la page 89). Vous pouvez également utiliser une poupée ou un toutou d'entraînement. Certains parents choisiront d'acheter une poupée qui fait vraiment pipi, mais ce n'est pas absolument nécessaire. Je vous dirais même qu'il est préférable d'avoir une poupée très simple qui ne fait pas pipi, que d'avoir une poupée sophistiquée dont vous ne contrôlez pas le moment où elle fait pipi. Vous devez absolument avoir le contrôle sur le moment où elle le fait.

Le plus important, c'est que la poupée ou le toutou soit d'une grandeur qui vous permette de l'asseoir sur le petit pot, et qu'il soit accompagné d'une culotte et d'un petit gobelet (que vous pourrez acheter à part) pour que l'enfant puisse faire semblant de le faire boire. Le gobelet servira également à verser de l'eau dans le petit pot, lorsque la poupée ou le toutou « y fera ses besoins »... mais ça, c'est un secret entre vous et moi!

Enfin, puisqu'il faudra encourager votre enfant, vous devrez vous procurer le matériel nécessaire au renforcement positif. Dans les pages qui suivent, vous verrez qu'il peut s'agir d'un tableau sur lequel on dessinera des bonshommes sourire ou encore où l'on apposera des autocollants. D'autres enfants pourraient avoir besoin de récompenses plus tangibles telles que de petits jouets ou des petites gâteries que les parents placeront dans des sacs à surprises. Enfin, si vous êtes de ceux qui souhaitent un apprentissage rapide et qui sont prêts à investir un effort intensif durant quatre jours à cet effet, sachez que plusieurs auteurs recommandent de créer la soif par des collations sucrées ou salées, et d'offrir souvent à boire à l'enfant (de l'eau, ou des boissons attirantes), afin de créer une envie d'uriner plus fréquente. Ces collations et breuvages pourraient également servir de récompenses pour souligner que l'enfant est au sec. Il se pourrait donc qu'ils se retrouvent sur votre liste d'achats, selon l'intensité et le rythme d'apprentissage que vous choisirez de prendre.

Liste d'achats pour l'apprentissage

Petit pot ou siège d'appoint pour la toilette

Petit banc

Sous-vêtements de grands (10 à12 paires)

Culottes d'entraînement (de type *Pull-ups* / *Easy-ups* ou en coton épais)

Pantalons faciles à enlever (ceinture élastique)

Piqué, alèse ou couvre-matelas en vinyle (pour le lit)

Lingettes humides

Livre d'histoire (sur le petit pot)

Poupée ou toutou qui porte une couche ou une culotte d'entraînement

Renforcement : tableau de motivation, autocollants, gâteries... à votre choix

Jeux ou jouets à associer avec le petit pot

Différents rythmes d'apprentissage, selon les parents

En tant que parent, vous avez le choix de l'intensité et de la rapidité avec lesquelles vous souhaitez que l'apprentissage de la propreté se fasse. Tout dépend de votre situation familiale et de votre préférence. Ce qu'il faut savoir, c'est que plus vous choisirez un rythme rapide, plus il vous faudra limiter vos activités habituelles afin d'être surtout concentré sur l'apprentissage de l'enfant.

Pour différentes raisons, certains parents choisiront un rythme plus lent... et c'est tout à fait correct! Voyez cela comme la lecture d'un livre : certaines personnes attendent d'être en vacances pour lire, parce que lorsqu'ils commencent un livre, ils le « dévorent », impatients de connaître le dénouement de l'histoire. D'autres lisent à certains moments toutes les semaines, parce qu'ils préfèrent savourer la lecture à plus long terme. Ils acceptent un plus long délai avant de connaître le dénouement de l'histoire. Il n'y a pas une des deux façons de lire qui est meilleure que l'autre... c'est une question de préférence et de choix.

Attention!!! Dans le cas de l'apprentissage de la propreté, si vous décidez de vous engager dans un entraînement plus intensif, vous ne devrez pas vous montrer impatient. Vous devez accepter le rythme de l'enfant, même si vous mettez toutes les chances de votre côté pour que l'apprentissage se fasse plus rapidement.

Si votre bambin manifeste la majorité des signes indiquant qu'il est prêt à l'apprentissage, mais que vous êtes dans une période où vous ne pouvez vous concentrer à 100 % sur cet apprentissage, vous pourrez tout de même commencer. Vous devrez simplement vous montrer plus patient car l'enfant apprendra plus lentement.

En fait, vous devrez rester positif et conserver une approche encourageante envers votre enfant, même s'il met plusieurs semaines ou plusieurs mois avant d'être propre. Vous ne devrez pas vous inquiéter ou vous sentir en compétition si la voisine a réussi à mettre sa fille propre en un week-end (parce qu'elle a consacré son week-end exclusivement à des activités orientées vers cet apprentissage), alors que fiston a encore quelques accidents chaque jour, malgré que vous ayez commencé l'apprentissage il y a trois semaines.

Pour vous donner une idée plus précise des différents rythmes d'apprentissage que vous pourriez prendre avec votre enfant, voici trois types d'entraînement que les auteurs américains Ezzo et Bucknam (2005) proposent :

- **l'entraînement progressif (1 à 3 jours) :** le parent donne une attention ininterrompue à l'entraînement pendant un à trois jours... cela peut impliquer de prendre des jours de congé.

  Cette technique est inspirée des travaux qu'on effectués deux psychologues durant les années 1970 (Azrin & Foxx, 1974).

  Ces deux chercheurs ont d'abord développé une technique d'entraînement à la propreté pour les adultes souffrant de retard mental. Plus tard, ils ont adapté cette technique à l'entraînement à la propreté des tout-petits;

- **l'entraînement détendu-progressif (2 à 4 semaines) :** le parent se concentre sur l'apprentissage de la propreté pendant deux à quatre semaines, mais se permet d'autres occupations. Son attention n'est pas consacrée à 100 % sur la propreté de l'enfant;

- **l'entraînement détendu (4 à 6 mois) :** le parent prend le temps, un matin, de montrer à l'enfant les rudiments de l'utilisation du petit pot... mais ne détermine aucunement à quel moment l'enfant devrait être propre.

  Le parent décide à quel moment il commence à préparer l'enfant, et l'enfant décide quand il utilisera cette information. Dans ce cas, les enfants prendront en moyenne quatre à six mois avant d'être propres.

  Ce n'est pas une approche « laisser-aller », puisque le parent investit du temps pour expliquer comment faire à son enfant et pour l'encourager... mais les visites de pratique au petit pot ne seront pas aussi régulières et le parent ne tiendra pas nécessairement compte avec assiduité des moments où l'enfant élimine habituellement ses selles ou son urine.

Pour les trois rythmes, la méthode est sensiblement la même... la seule différence est dans l'intensité de l'énergie et de l'attention que vous investirez dans l'éducation de l'enfant.

L'avantage de commencer lentement, c'est qu'il est facile d'accélérer le processus si vous en avez envie. De plus, sachez que peu importe l'intensité et le rythme que vous choisirez de prendre, les éléments de l'entraînement à la propreté sont sensiblement les mêmes :

- prendre le temps d'expliquer à l'enfant ce qu'il doit faire avec le petit pot (lui expliquer verbalement, l'encourager à s'asseoir dessus sans enlever son pantalon);
- faire des visites au petit pot de façon régulière (si possible, faire au préalable l'horaire d'élimination de votre enfant, en notant les heures de repas, de sommeil et d'élimination dans un journal de bord, voir l'exemple de la page ci-contre);
- demander régulièrement à l'enfant s'il a envie ou s'il est au sec;
- renforcer positivement les efforts et la collaboration de l'enfant (même s'il arrive en retard sur le petit pot);
- avoir une approche positive d'encouragement, et ne jamais punir les accidents.

Journal d'élimination de mon enfant...

L'utilisation de ce journal de bord vous demandera de vérifier plus régulièrement l'état de la couche de votre enfant... moins vos vérifications seront fréquentes, moins vos données seront exactes.

Donnez-vous comme objectif de vérifier au moins une ou deux fois toutes les heures, et plus particulièrement quelques minutes après les repas et les breuvages.

Noircissez les périodes de sommeil, indiquez quels événements se sont produits et à quel moment, à l'aide des codes suivants :

Au dessus de la ligne : R = Repas   **B** = Breuvage

En dessous de la ligne : U = Élimination d'urine   **S** = Élimination des selles   **C** = Changement de couche

Ex. :

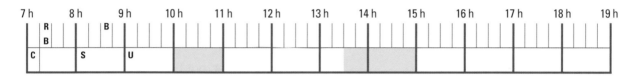

Date : _____

Horaire : _____

Date : _____

Horaire : _____

7 h   8 h   9 h   10 h   11 h   12 h   13 h   14 h   15 h   16 h   17 h   18 h   19 h

Date : _____

Horaire : _____

7 h   8 h   9 h   10 h   11 h   12 h   13 h   14 h   15 h   16 h   17 h   18 h   19 h

Date : _____

Horaire : _____

7 h   8 h   9 h   10 h   11 h   12 h   13 h   14 h   15 h   16 h   17 h   18 h   19 h

La méthode rapide

Pour les parents qui souhaitent être rapides et efficaces, notez que vous devrez bloquer trois ou quatre jours dans votre agenda afin de vous concentrer entièrement à l'entraînement. Une bonne idée est de prendre un long week-end. Vous devez vous rendre entièrement libre... ce qui veut dire que les autres enfants de la famille iront passer leur week-end chez grand-mère ou chez tante Alice! Dans le même ordre d'idées, vous aurez préalablement fait votre épicerie et les autres courses, afin de ne pas avoir à sortir de la maison. J'ai l'air de vous préparer à une catastrophe nucléaire, mais rassurez-vous... ces conseils ont pour but de vous rendre disponible à... avoir beaucoup de plaisir avec fiston ou fillette!

Durant les 48 heures précédant l'entraînement, vous pouvez motiver votre enfant en lui montrant le matériel que vous vous êtes procuré : le petit pot, le tableau de renforcement, les culottes d'entraînement... Le grand jour arrive et vous aurez bien du plaisir! Surtout, démontrez votre enthousiasme pour qu'il perçoive l'apprentissage comme une activité amusante.

La veille du grand jour, présentez-lui la poupée ou le toutou. Dites-lui que demain, après le déjeuner, vous allez jouer à entraîner la poupée ou le toutou à la propreté. Vous pouvez suggérer à l'enfant de lui trouver un nom. Puis, avant la routine du dodo, montrez à votre enfant chaque étape qu'il fera faire à sa poupée ou à son toutou le lendemain (voir les étapes plus loin). Durant la routine du dodo, montrez-vous excité par rapport à la grande aventure qui vous attend demain matin.

Le matin du grand jour, au lever, enlevez la couche de votre bambin. Soyez optimiste... il est possible que ce soit la dernière couche que vous ayez à lui enlever! Faites-lui porter une culotte d'entraînement (un pantalon à ceinture élastique peut être enfilé par-dessus la culotte). Ensuite, prenez le temps de prendre un déjeuner léger, mais bien arrosé. Soyez sérieux : je ne parle pas de vin! Évidemment, pour que fiston ou fillette soit prêt à mettre en pratique ses apprentissages, il faut bien qu'il ait envie d'uriner! Et comme il n'y a rien comme la pratique pour approcher la perfection, soyez sûr d'avoir une bonne réserve de breuvages à offrir à votre enfant durant la journée. Il aura ainsi plusieurs occasions de visiter le petit pot.

Ensuite, après le déjeuner, vous passerez à l'action, en respectant les cinq étapes suivantes :

Étape 1 : La poupée ou le toutou qui boit

Versez quelques gorgées d'un breuvage dans le gobelet. Il peut s'agir de lait au chocolat, de limonade, d'eau... mais optez pour un liquide que l'enfant aura sûrement envie de boire.

Offrez-lui de goûter le produit, puis de faire semblant d'en donner à la poupée ou au toutou. « Veux-tu goûter ce jus avant que nous en donnions à nounours? Est-ce que c'est bon? Mmmm, oui! » Assurez-vous ensuite que le gobelet est vide, puis « Donnons-en un peu à nounours! » Ensuite, jouez quelques minutes ensemble... avec la poupée ou le toutou.

Étape 2 : La poupée ou le toutou reste au sec et est récompensé

 Après quelques minutes de jeu avec la poupée ou le toutou, dites à l'enfant (sur un ton enthousiaste) : « Oh! Nous devrions vérifier si nounours est au sec... touche-le devant de sa culotte... est-elle sèche? » Bien sûr, la culotte sera sèche! À moins que n'ayez pas lu les paragraphes précédents et que vous ayez fait l'achat d'une poupée qui fait pipi de façon imprévisible!

Lorsque l'enfant vous dira que la culotte de la poupée ou de toutou est sèche, encouragez l'enfant à le féliciter, et dites-lui qu'il peut lui donner une petite gâterie (un craquelin, un pretzel, un M&M, un raisin sec, une tranche de pomme), qu'il pourra bien sûr manger après avoir prétendu le donner à la poupée ou au toutou.

Pour ceux d'entre vous qui sont complètement contre les renforcements alimentaires (même si dans ce cas, ils ne seront utilisés qu'un jour ou deux), sachez qu'ici, ils ont une double fonction : renforcer l'enfant ou la poupée (toutou) et créer la soif pour que l'enfant boive un peu plus que d'habitude et qu'il ait ainsi plus d'occasions de pratiquer l'utilisation du petit pot. Si, malgré ces arguments, vous êtes farouchement contre, vous pouvez utiliser un tableau de renforcement avec bonshommes sourire ou autocollants.

Étape 3 : La poupée ou le toutou va sur le petit pot

Quelques minutes plus tard, encouragez l'enfant à amener sa poupée ou son toutou sur le petit pot. Apportez avec vous le gobelet que vous aurez rempli d'eau (ou de limonade jaune). Aidez l'enfant à installer la poupée ou le toutou sur le petit pot : « On baisse d'abord sa culotte, et ensuite, on l'assoit sur le petit pot... ». Ensuite, imitez le bruit de l'urine qui coule en disant : « Pssssss » et, subtilement, versez le contenu du gobelet dans le petit pot. Laissez ensuite l'enfant regarder dans le petit pot pour qu'il puisse constater le liquide qui s'y trouve. Montrez vos talents d'acteur et faites toute une cérémonie à la poupée ou au toutou qui vient de vivre un succès! Applaudissez, félicitez-le et prétendez lui donner deux petites gâteries (qu'il ne consommera pas véritablement!). Demandez à l'enfant de remonter la culotte de sa poupée ou de son toutou, demandez-lui de vous aider à vider le petit pot dans la grande toilette, activez la chasse d'eau ensemble, puis amenez l'enfant au lavabo pour qu'il se lave les mains.

Étape 4 : L'enfant vérifie si sa propre culotte est sèche

Cinq minutes après l'épisode de la poupée sur le petit pot, demandez à l'enfant si sa propre culotte est sèche. Dites-lui qu'il peut vérifier en touchant le devant, comme il l'a fait pour sa poupée. Lorsque l'enfant vous répond « Oui », donnez-lui une petite gâterie (ou un renforcement symbolique au tableau). La gâterie doit être petite, et lui faire plaisir.

Étape 5 : L'enfant va sur le petit pot

Voici maintenant la dernière étape, et la plus cruciale! Seulement quelques minutes après la vérification de la culotte (étape 4), invitez l'enfant à aller s'asseoir sur le petit pot comme la poupée ou le toutou l'a fait plut tôt.

N'attendez pas trop longtemps… rappelez-vous que l'enfant a eu un déjeuner bien arrosé, qu'il a testé le breuvage de sa poupée ou de son toutou, et qu'il a peut-être même eu une récompense liquide pour avoir été au sec à la première vérification… la vessie doit commencer à être pleine!

Tentez de faire en sorte que l'enfant y reste assis entre 5 et 10 minutes. Comme il s'agit d'une période assez longue pour un bambin, restez près de lui et divertissez-le… vous pouvez lui suggérer de regarder un petit livre, de faire un casse-tête, vous pouvez chanter une petite comptine, jouer avec une marionnette.

Pendant ce temps, montrez-lui que vous tenez une double gâterie dans la main (plus de jus dans un verre, deux M&M... ou un autocollant plus gros ou plus beau). Ne laissez pas l'enfant trop longtemps sur le pot... la salle de bain doit devenir un endroit motivant et amusant pour l'enfant... pas une salle de torture! Si l'enfant n'a pas fait pipi, on ne lui donne pas la double gâterie, mais on le félicite avec enthousiasme de rester au sec. Qu'il ait fait pipi ou non, on peut lui dire : « En utilisant le petit pot, tu es resté au sec... bravo! ».

Voilà! C'est tout! Le reste de la journée consiste à répéter les cinq étapes, jusqu'à ce que l'enfant se lasse de la poupée ou du toutou, l'effet de la nouveauté se dissipant.

Alors, vous n'aurez qu'à répéter les étapes 4 et 5, ce qui exigera de demander régulièrement à votre enfant si sa culotte est sèche et de l'amener régulièrement sur le petit pot. Lorsqu'on lui demande si la culotte est sèche et qu'elle l'est, on le récompense. Lorsqu'il fait pipi dans le pot, on double la récompense.

ATTENTION!!! Cette méthode fonctionnera si les récompenses et les félicitations sont associées au fait d'avoir une culotte sèche, plutôt qu'au fait d'aller sur le petit pot. L'objectif de cet apprentissage est d'être au sec... le petit pot n'est que le moyen pour y arriver. Lorsque vous demandez à votre enfant « Est-ce que ta culotte est sèche? », vos récompenses et vos félicitations seront plus fréquentes et dépendront moins de la performance de l'enfant. Vous renforcez dans l'esprit de l'enfant l'importance de rester au sec, et chaque fois qu'il pourra vous répondre « Oui », il vivra une mini-victoire!

La question « Es-tu au sec? » devra être posée fréquemment, de façon routinière... Si vous avez peur d'oublier, utilisez une minuterie de cuisine en guise de rappel.

Si vous avez rempli le « journal d'élimination » de votre enfant et que vous avez observé des *patterns* réguliers d'élimination, utilisez-le pour planifier les visites au petit pot de façon stratégique.

Pour ceux qui ont peur que l'enfant engraisse avec toutes ces récompenses alimentaires, sachez que vous commencerez à remplacer aléatoirement les récompenses alimentaires par de simples encouragements enthousiastes, et ce, après une journée ou deux.

Rappelez-vous, les renforcements alimentaires, dans ce cas, ont une double fonction :
- récompenser l'enfant;
- créer la soif pour que l'enfant boive et ait envie d'uriner... parce que la pratique est la clé du succès!

Vous pouvez également choisir une des autres méthodes expliquées ci-après, qui n'impliquent pas autant d'attention de votre part ni de renforcements alimentaires.

Respectez votre horaire, votre niveau d'énergie, le rythme d'apprentissage de votre enfant, vos valeurs... et utilisez votre jugement!

D'autres méthodes

Quatre éléments de base doivent être présents dans tout entraînement à la propreté :

1. Attendre que l'enfant soit prêt et que le contexte familial soit idéal.
2. Apprendre à l'enfant de façon concrète comment rester au sec et comment utiliser le petit pot ou la toilette (en montrant l'exemple, en lisant des histoires, avec la poupée ou le toutou, en le faisant pratiquer sur le pot).
3. Motiver l'enfant par des encouragements et le renforcement positif. Rappelez-vous que c'est surtout le fait de rester au sec qui doit être renforcé, puisqu'il s'agit de l'objectif principal de l'entraînement. Bien qu'elles doivent également être encouragées, les visites au petit pot ne sont que le moyen de rester au sec!
4. Faire des visites régulières au petit pot... Ne demandez pas à l'enfant « Est-ce que tu veux aller sur le petit pot? » Privilégiez plutôt une approche un peu plus directive en disant « Il est temps d'aller faire un tour sur le petit pot ». Dites-le gentiment, avec enthousiasme dans la voix. Soyez stratégique dans le choix des moments pour aller à la salle de bain : au lever, après les repas et les breuvages, avant les siestes et le dodo... Votre sens de l'observation et le journal d'élimination (voir page 49) seront vos meilleurs alliés à cet effet.

D'autres auteurs, notamment, la Société canadienne de pédiatrie (2008), recommandent la stratégie suivante, qui devrait donner des résultats en quelques semaines :

1. Encourager l'enfant à s'asseoir sur le pot, alors qu'il est tout habillé.
2. Lorsqu'il mouille sa couche, lui demander de s'asseoir sur le pot après lui avoir enlevé la couche mouillée. On peut placer la couche mouillée dans le pot pour lui démontrer plus clairement la fonction du pot.
3. Plus tard, diriger l'enfant vers le petit pot plusieurs fois par jour. Lui demander de s'y asseoir sans couche, pendant quelques minutes.
4. Associer les visites au petit pot à une routine logique. Par exemple, lui demander d'y aller au lever, après les repas et les collations, avant le coucher...

Toujours selon la SCP (2008), ces étapes devraient être accompagnées des points suivants :

- apprendre à reconnaître les indices comportementaux indiquant que l'enfant a envie, pour ensuite encourager l'enfant à avertir un parent lorsqu'il ressent l'envie;
- lorsque l'enfant avertit ses parents, on devrait le louanger, même s'il le fait un peu trop tard pour se rendre au pot;
- être patient, ne pas s'attendre à des résultats immédiats, et ne pas utiliser les punitions;
- s'assurer de la collaboration de tous les éducateurs qui travaillent auprès de l'enfant.
- attendre quelques succès (environ durant une semaine) avant de faire la transition des couches aux culottes (ou culottes d'entraînement);
- encourager et soutenir l'enfant plutôt que de lui offrir des récompenses matérielles.

Vous remarquez sûrement qu'il y a beaucoup de similitudes entre la méthode progressive (rapide) proposée par Ezzo et Bucknam (2005), et celle de la SCP (2008). Vous avez sûrement aussi remarqué les quelques différences... Pour faciliter votre choix d'une méthode, vous pourrez lire ma perception sur les inconvénients et les avantages de chaque technique à la fin de ce chapitre.

Et les selles?

En appliquant les techniques mentionnées dans les sections précédentes, votre enfant apprendra la propreté, à la fois pour l'urine et pour les selles. Par contre, cela ne signifie pas que les résultats se manifesteront en même temps.

Certains auteurs voient un avantage à commencer l'entraînement pour les selles avant celui pour l'urine, car l'élimination des selles se fait une ou deux fois par jour seulement, et souvent à des moments facilement prévisibles. De plus, lors de l'élimination des selles, l'enfant éliminera souvent de l'urine en même temps, ce qui le prépare à l'apprentissage de la propreté pour l'urine. Par contre, certains parents trouvent difficile de se rendre disponible au moment de l'élimination des selles et préfèrent l'approche d'entraîner l'enfant pour les deux en même temps. De plus, vous constaterez dans le chapitre suivant que certains enfants ont peur d'éliminer les selles dans le petit pot ou dans la toilette, un peu comme s'ils perdaient une partie d'eux-mêmes. Dans ce cas, on n'insiste pas et on permet à l'enfant d'éliminer ses selles dans la couche tant qu'il n'est pas prêt, afin d'éviter la constipation, qui pourrait retarder davantage l'apprentissage de la propreté (voir le chapitre 7).

Sans couches???

Chers parents... en lisant cette section, vous constaterez que je n'hésite pas à vous faire part de toutes les stratégies que l'on retrouve dans la documentation scientifique, même les plus inusitées!

En effet, sachez que depuis le début des années 2000 environ, il existe un nouveau courant aux États-Unis qui consiste à ne pas mettre de couches aux bébés. Certains appellent cette approche « l'hygiène naturelle infantile ». Elle a été popularisée par l'auteure Ingrid Bauer, et elle est inspirée de l'approche utilisée dans d'autres pays, notamment dans les pays pauvres où les parents n'ont pas accès aux couches jetables. Sachez que dans ces pays, malgré l'absence de couches, les parents ne laissent pas les enfants souiller tout ce qui les entoure.

Pour résumer cette approche, disons qu'il s'agit d'observer le comportement et les mimiques de l'enfant jusqu'à ce qu'on puisse identifier ceux qui surviennent tout juste avant l'élimination (ex. : l'enfant devient plus tranquille ou silencieux, il fronce les sourcils...). Au lieu d'ignorer ces signes comme la plupart des parents occidentaux, les parents qui utilisent cette approche encouragent l'enfant à les démontrer. En d'autres termes, le parent doit être attentif aux comportements de l'enfant à un point tel qu'il se développe une excellente communication entre eux. Par la suite, quand l'enfant fait la mimique ou adopte le comportement, le parent s'empresse de prendre l'enfant dans ses bras et à le placer au-dessus de la toilette ou d'un quelconque récipient. Pendant que l'enfant élimine, le parent émet un son, qui sera par la suite toujours associé à ce type d'évacuation (ex. : Pssss). Le but est que l'enfant finisse par comprendre que ce son signifie qu'il est temps de se soulager. Selon les adeptes de cette technique, l'enfant pourrait se débrouiller seul avec un petit pot dès l'âge de 12 à 15 mois!

À mon avis, cette approche est plus qu'une simple technique. C'est carrément une philosophie ou un style de vie qui demande aux parents d'être très proches de leurs enfants et à l'affût de tous leurs besoins... littéralement!

Les parents québécois ayant une vie très occupée, je doute que vous serez nombreux à vous intéresser à cette technique, qui demande une disponibilité totale sur une assez longue période. Si vous pensiez que la technique rapide en un week-end (technique de Ezzo et Bucknam, 2005) était exigeante, et bien vous devez maintenant vous dire qu'elle ne l'est pas tant que ça!

Pour ceux qui voudraient en connaître plus sur cette approche sans couches, les ressources pour vous informer apparaissent à la page 91.

Les avantages et les inconvénients des différentes techniques... à mon humble avis!

La méthode rapide, avec la poupée ou le toutou et les renforcements alimentaires

D'une part, certains parents qui optent pour cette pratique sont probablement pressés d'obtenir des résultats et peuvent ainsi plus facilement tomber dans le piège de créer une pression indue sur l'enfant, qui la ressentira. D'autre part, certains autres parents qui ont un grand sens de l'organisation peuvent vouloir utiliser cette technique justement pour éviter la pression. En effet, si vous sentez que l'enfant est prêt à faire l'apprentissage de la propreté, et que vous savez que votre famille vivra de grands changements dans quelques semaines ou quelques mois, la méthode rapide pourrait vous permettre de rendre l'enfant propre pendant la courte période de calme qu'il vous reste avant les changements majeurs (ex. : changement d'emploi, déménagement, rénovations, etc.).

Certains pourraient dire que cette technique comporte le grand défaut de suggérer l'utilisation du renforcement alimentaire. Selon moi, elle a l'avantage d'être amusante et de faire de l'apprentissage une activité pouvant rapprocher le parent et l'enfant... ce qui compense largement pour l'utilisation temporaire des petites gâteries! En effet, le week-end durant lequel le parent se consacre à l'entraînement sera un moment privilégié où l'enfant recevra une attention exclusive, suivi du sentiment de fierté associé au fait d'être plus autonome.

Les autres méthodes, plus détendues ou plus lentes

Ces approches, qui ne sont pas si différentes de la méthode rapide, sont avantageuses pour les parents qui n'ont pas le temps ou qui ne sont pas dans des dispositions pour accorder une attention si intensive à l'apprentissage de la propreté. Elles peuvent être plus avantageuses que la méthode rapide lorsqu'un enfant est prêt physiquement à l'apprentissage, mais qu'il n'a pas la maturité affective ou la capacité d'être attentif à ses signaux physiques de besoin d'éliminer. Avec ces méthodes, les parents commencent l'apprentissage, ce qui leur donne au moins le sentiment de faire quelque chose pour que ça avance, et l'enfant progresse lentement et sûrement. Personne ne se met de pression... Il n'y a pas un psy qui peut être contre ça!

Les différents types de renforcement positif

Après la lecture des sections précédentes, certains se demanderont sûrement s'ils utiliseront le renforcement matériel (surprises ou aliments), les tableaux de motivation, les simples louanges et encouragements... ou une combinaison de plusieurs de ces options.

Mon conseil : choisissez la méthode qui a le plus de chance de fonctionner pour VOTRE enfant... Après tout, vous le connaissez mieux que moi! Personnellement, je n'ai rien contre le renforcement matériel, puisque je n'irais pas travailler si je n'étais pas payée! Par contre, je dois vous dire que vous devriez éviter d'utiliser **seulement** le renforcement matériel. Sinon, l'enfant pourrait devenir très exigeant envers vous. Un petit truc pour vous guider : si l'enfant est habituellement résistant à la nouveauté parce qu'il s'oppose ou qu'il a peur, vous aurez probablement besoin de renforcements plus tangibles et plus motivants pour encourager l'enfant à participer à l'entraînement. Dans ce cas, vous pourriez commencer par des renforcements matériels (pendant un jour ou deux), pour ensuite alterner et éventuellement les remplacer par des louanges ou des renforcements symboliques (ex. : tableau de renforcement avec autocollants).

Les culottes d'entraînement au jour 1, ou après une semaine de succès?

Vous avez sûrement constaté qu'avec la méthode rapide, on fait porter immédiatement des culottes d'entraînement à l'enfant, tandis que les recommandations de la SCP conseillent plutôt d'attendre que l'enfant ait vécu une semaine de succès avant de passer des couches régulières aux culottes de type « *Pull-ups / Easy-ups* ».

Si la transition est trop rapide et que vous êtes obligé de revenir aux couches, l'enfant pourrait percevoir ce changement comme un échec. Par contre, sachez que la perception de l'enfant dépendra grandement de votre propre perception de ce changement... si vous restez positif et encourageant, l'enfant ne sera pas trop affecté par le retour aux couches. Si vous manifestez ouvertement votre déception, fiston ou fillette risque de se sentir inadéquat et pourrait même manifester une hésitation lorsque vous lui suggérerez à nouveau de porter une culotte d'entraînement.

Le fait de porter une culotte d'entraînement assez tôt dans le processus, même quand l'enfant a encore des accidents, comporte un avantage... l'enfant ressentira beaucoup plus l'inconfort de l'humidité avec une culotte d'entraînement qu'avec une couche ordinaire. La couche d'entraînement lui permettra donc d'apprendre de ses accidents et d'être plus motivé à reconnaître les signes physiques qui précèdent l'élimination. Pour éviter d'abîmer vos tapis ou votre divan, il suffit de placer une vieille serviette de plage sous le popotin de votre enfant pendant qu'il joue!

Ce chapitre vous a permis d'apprendre de nombreuses stratégies afin de faciliter l'apprentissage de la propreté de votre enfant. Cependant, cela ne signifie pas que vous ne rencontrerez pas d'obstacles en cours de route. Le chapitre suivant vous y préparera.

CHAPITRE 7

Des problèmes et leurs solutions

Même si vous connaissez maintenant des techniques reconnues pour entraîner votre enfant à la propreté, cela ne veut pas dire que vous ne rencontrerez pas d'obstacles. Afin d'y être mieux préparé, en voici quelques exemples, accompagnés des pistes de solution qui peuvent être mises de l'avant pour y remédier. Si, après avoir tenté ces solutions, vous constatez que le problème ne se règle pas, que votre relation avec votre enfant se détériore et que la famille se décourage, n'hésitez pas à consulter un professionnel qui saura évaluer la cause spécifique du problème et qui vous offrira un plan d'intervention plus personnalisé.

Les peurs de l'enfant qui font obstacle à l'apprentissage...

L'apprentissage de la propreté est une grande étape pour un enfant... par contre, alors que certains sont excités et enthousiastes à l'idée de pouvoir bientôt porter des culottes de grands, d'autres, au tempérament plus anxieux, se montreront plus craintifs. Il ne faut pas se le cacher, certains enfants ont peur de la nouveauté.

Normalement, pour éliminer une peur irrationnelle chez un enfant, ou même chez un adulte, je recommande les étapes suivantes (*voir Maman j'ai peur, chéri je m'inquiète...*, de la même collection):

- informer l'enfant sur l'objet qui fait peur (par des livres...);
- montrer que ce n'est pas dangereux en approchant vous-même l'objet de la peur;
- amener l'enfant à approcher graduellement l'objet de sa peur, à petits pas;
- renforcer les efforts et la collaboration de l'enfant.

Vous remarquez sûrement que dans les techniques proposées au chapitre précédent, ces étapes graduelles sont déjà respectées... alors que faire avec un enfant qui est bloqué par la peur, si les ingrédients contre la peur font déjà partie du plan? La réponse est simple... une approche encore plus graduelle et des renforcements un peu plus puissants.

La peur de la toilette

La toilette est parfois plus menaçante que le petit pot pour certains enfants. En effet, ils peuvent s'imaginer tomber dedans.

D'autres auront peur du bruit de la chasse d'eau ou craindront d'être aspirés lorsqu'elle est activée... Si c'est le cas de votre enfant, ne vous surprenez pas si je vous recommande d'abandonner l'idée de commencer l'apprentissage de la propreté directement sur la toilette (avec un siège d'appoint)! De grâce, procurez-vous un petit pot!

Mais, un jour au l'autre, fiston ou fillette devra bien vaincre sa peur et passer du petit pot à la toilette. Pour l'aider à démystifier cet étrange instrument de la maison, il n'y a rien comme lui donner un petit cours de « plomberie 101 » (Crane, 2006)!:

Fermez la valve d'eau, à la base de la toilette, et enlevez le couvercle du réservoir.

Montrez l'intérieur du réservoir à l'enfant (faites-le monter sur son petit banc), et expliquez-lui que lorsque vous tirez la chasse d'eau, l'eau souillée dans la toilette s'évacue par le drain (comme l'eau du bain) et elle est remplacée par l'eau propre du réservoir.

Ensuite, demandez à l'enfant d'actionner la chasse d'eau, tout en regardant ce qui se passe dans le réservoir. Si l'enfant est toujours craintif et refuse, dites-lui que ce n'est pas grave et que vous allez le faire pour cette première fois. Afin d'éviter de le surprendre, avant d'actionner la chasse d'eau, dites : « Attention! Je suis le Maître de la Chasse d'eau… Au compte de trois… 1, 2, 3, *Go*! ».

Ensuite, pendant que le réservoir se vide, vous pouvez applaudir et célébrer l'événement!

Après cette expérience, demandez à l'enfant s'il a des questions à vous poser sur ce qui vient de se passer.

Enfin, demandez à l'enfant s'il veut être le « Maître de la Chasse d'Eau » à son tour. Il vous dira probablement oui… si c'est le cas, faites le décompte… 1, 2, 3, *Go*! S'il refuse, faites-le à nouveau vous-même.

Parce que vous avez préalablement fermé la valve, il n'y aura pas d'eau dans le réservoir avant la deuxième activation de la chasse d'eau.

Profitez de l'absence d'eau dans la toilette pour montrer le trou du drain à l'enfant, surtout si ce dernier a peur de tomber dans la toilette et de disparaître par le trou. Si le trou est caché, cela peut expliquer en partie pourquoi l'enfant a peur… en ne voyant pas le trou, il ne réalise pas qu'il est beaucoup trop petit pour qu'un grand comme lui puisse y entrer. Vous pouvez alors prendre une balle qui est juste un peu plus grande que le trou (assurez-vous d'avoir trouvé la balle au préalable, et qu'elle ne passe VRAIMENT pas par le trou). Dites « Tu vois, cette petite balle ne peut même pas passer par le trou, elle est plus grosse que le trou ». Ensuite, expliquez que la balle est plus petite que sa tête ou que ses foufounes… alors, il ne peut pas passer par le trou! Certains enfants auront de la difficulté à comprendre les concepts de « plus grand » et « plus petit », mais vous n'avez rien à perdre en essayant la technique!

Si l'enfant a peur qu'un serpent ou qu'un monstre sorte par le trou de la toilette et lui morde les fesses, il vous faudra ensuite lui expliquer que rien ne peut entrer par le trou de la toilette… le trou ne sert qu'à faire sortir l'eau sale de la toilette.

Pour lui faire la démonstration, rouvrez la valve à la base de la toilette et permettez à l'enfant d'observer le réservoir se remplir d'eau.

Actionnez à nouveau la chasse d'eau, et faites-lui observer que l'eau qui entre dans la toilette arrive par le dessus de celle-ci… elle provient du réservoir. Faites-lui remarquer que la seule chose qui se trouve dans le réservoir est de l'eau, et que seule l'eau peut passer par le petit trou entre le réservoir et la toilette.

Si, malgré ce cours de « plomberie-101 », votre enfant a toujours peur de la toilette, n'insistez pas... vous avez fait ce qu'il fallait et le temps, des gains en maturité, ainsi que les futures observations de l'enfant contribueront à éliminer graduellement sa peur.

La peur du petit pot

Plus rares sont les enfants qui ont peur du petit pot... Mais, certains parents friands de gadgets achètent parfois des petits pots *high tech* qui peuvent, ironiquement, faire peur à l'enfant plutôt que l'attirer ou le motiver.

Effectivement, j'ai déjà vu des enfants avoir peur de leur petit pot parce que lors de la première tentative d'utilisation, l'animation (musique, voix d'encouragement...) censée les motiver, les a au contraire effrayés! Dans ce cas, optez pour plus de simplicité et procurez-vous un petit pot dans son expression la plus simple.

Si l'enfant a peur également d'un petit pot standard, ne le forcez pas à s'asseoir dessus, mais demandez-lui plutôt de tolérer sa présence dans les parages. Vous pouvez installer le petit pot dans sa chambre, dans un couloir passant, dans la cuisine... n'importe où, du moment que l'enfant le voit souvent.

Vous pouvez également inventer des jeux avec le petit pot... Par exemple, vous pouvez y cacher un objet et demander à l'enfant de deviner ce qui s'y trouve.

Lorsque vous sentirez que le petit pot devient de plus en plus inoffensif aux yeux de l'enfant, recommencez à l'encourager à s'asseoir dessus, tout habillé, pour commencer. Utilisez un tableau de récompenses ou une autre forme de renforcement positif pour le motiver à collaborer. Pour le motiver à y rester assis quelques minutes, inventez une petite comptine que vous chanterez avec lui durant les quelques minutes où il est assis sur le pot. Vous pouvez également lui offrir un petit jouet avec lequel il pourra jouer seulement sur le petit pot, puis, à volonté lorsqu'il aura acquis la propreté.

Avec de la patience et en respectant son rythme, la peur s'estompera. Si, au contraire, vous insistez trop en disputant un peu l'enfant, le petit pot deviendra encore plus aversif à ses yeux.

La peur de perdre une partie de soi (élimination des selles)

Certains enfants seront rapidement propres pour les pipis, mais hésiteront à éliminer leurs selles d'une autre façon qu'en portant une couche. J'ai déjà vu des enfants portant des culottes de grands, parfaitement autonomes pour la vessie, demander une couche à leurs parents lorsqu'ils sentaient l'envie de déféquer.

Cela vous semblera peut-être bizarre, mais une des causes probables de ce phénomène est que l'enfant a l'impression de perdre une partie de lui-même lorsqu'il défèque hors de sa couche. N'ayez pas l'air surpris... j'ai souvent vu cela! Le son d'un « caca » qui tombe dans l'eau de la toilette et le fait de le voir disparaître lorsque l'on active la chasse a déjà « traumatisé » plus d'un enfant. Surtout lorsque l'enfant a l'impression que le caca fait partie de son corps, qu'il fait partie de lui. Dans ce cas, c'est un peu comme si vous veniez de *flusher* son petit doigt!

Si c'est le cas de votre enfant, commencez par expliquer, dans des mots simples, le processus de digestion. Racontez le « voyage » des aliments dans le corps et leur transformation en énergie... et en déchets.

Ensuite, le fait de raconter une autre petite histoire de votre cru pourrait l'aider à comprendre qu'il n'y a pas de danger à faire caca dans le petit pot ou dans la toilette... que c'est même souhaitable! Voici un petit exemple (cœurs sensibles, continuez à lire parce que c'est important, mais je vous préviens que ce sera peut-être un peu difficile!) :

> Dites à l'enfant que lorsque son caca tombe dans la toilette, il est content parce qu'il s'apprête à faire un beau voyage et rencontrer tous pleins d'amis cacas!

Certains d'entre vous crieront peut-être au scandale... à la manipulation de l'esprit de l'enfant. Mais, quand on y pense comme il faut, ce n'est pas tout à fait faux, ni plus méchant que de faire croire au père Noël, au Lapin de Pâques ou à la Fée des dents! De plus, si cela permet à l'enfant de vaincre sa peur, de vivre un succès, puis d'être fier de lui... eh bien ça vaut la peine, non?

Enfin, lorsque l'enfant fera caca dans le petit pot ou dans la toilette, faites une petite cérémonie avant d'actionner la chasse d'eau : permettez à l'enfant de dire « Adieu » ou « au revoir » et d'envoyer la main. Faites-en un jeu!

Si vous manquez d'inspiration pour raconter les petites histoires des aliments et des « cacas », courez vite à la bibliothèque ou à la librairie du coin... certains livres pour enfants pourraient vous aider (voir la liste à la page 89).

Si, malgré votre grande créativité, vos efforts pour « convaincre » l'enfant ne fonctionnent pas, n'insistez pas et permettez-lui d'éliminer ses selles dans sa couche pour encore quelques jours ou quelques semaines. Vous pouvez même lui permettre de sortir de la salle de bain avant que vous ne jetiez le contenu de la couche ou du petit pot dans la toilette et que vous actionniez la chasse d'eau. Si vous insistez trop, l'enfant craintif risque de trop se retenir et de souffrir de constipation. Dans ce cas, l'apprentissage de la propreté sera encore plus retardé, car il risquera alors d'associer l'élimination des selles à la douleur. Nous verrons dans la section suivante que cela peut donner lieu à l'établissement d'un cercle vicieux.

La constipation
Comme les adultes, il arrive qu'un enfant souffre de constipation... cela peut être causé par des troubles digestifs, l'alimentation de l'enfant et, tel que mentionné précédemment, lorsque l'enfant se retient d'éliminer ses selles parce qu'il a peur.

Ceux parmi vous qui ont déjà souffert de constipation savent que cela peut causer de la douleur lors de l'élimination des selles. Cette douleur peut créer, maintenir ou même accentuer la peur de faire « caca » chez l'enfant. Il peut en résulter un cercle vicieux, selon lequel :

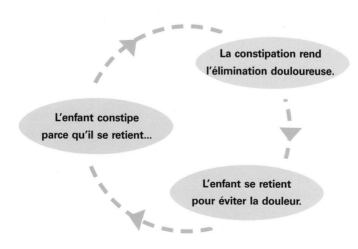

Dans ce cas, les parents doivent lâcher prise par rapport à l'entraînement à la propreté, et plutôt se concentrer sur l'élimination du problème de constipation, afin que l'enfant apprenne à dissocier l'élimination des selles et la douleur. Cela implique plusieurs possibilités :

- permettre à l'enfant de faire caca dans sa couche, le temps de régler le problème de constipation. L'enfant sera ainsi libre de prendre la position qu'il préfère pour éliminer ses selles... probablement la position qui lui cause le moins de douleur (accroupi, en « petit bonhomme »);

- si l'enfant a déjà acquis la propreté, mais qu'il souffre de crampes associées à la constipation, permettez-lui de reprendre le petit pot s'il était déjà sur la toilette, ou encore, assurez-vous que ses pieds puissent être appuyés sur un petit banc, s'il reste sur la toilette. Cela lui permettra de prendre une position plus confortable;

- vous pouvez commencer à tenter de régler le problème de constipation en modifiant l'alimentation de l'enfant (manger plus de fibres, des prunes, boire plus d'eau...). Si cela s'avère insuffisant, consultez un médecin ou un pharmacien afin d'obtenir des conseils sur la possibilité d'utiliser des produits laxatifs (les plus naturels possible) ou des émollients fécaux.

Une fois que le problème de constipation sera réglé et que l'enfant n'aura plus peur d'éliminer ses selles, vous pourrez reprendre l'apprentissage de la propreté, là où vous l'aviez abandonné, en poursuivant vos encouragements, les visites à la salle de bain à des moments stratégiques et les renforcements positifs.

L'enfant refuse (s'oppose)

Comme je l'ai déjà mentionné, l'apprentissage de la propreté coïncide avec le fameux *terrible two*. Cela peut impliquer que l'enfant s'oppose aux consignes reliées à l'entraînement au petit pot, particulièrement s'il a un tempérament difficile ou si les parents manquent de constance dans l'application de limites. Si c'est votre cas, je vous recommande d'attendre un peu avant d'amorcer l'entraînement à la propreté. Commencez par vous concentrer sur l'amélioration du niveau de collaboration de votre enfant à vos consignes, par l'établissement d'un cadre plus clair et plus constant (pour plus d'informations à ce sujet, lire *Ah! non, pas une crise...*, de la même collection). Il est également important d'équilibrer votre relation avec votre enfant en prenant régulièrement le temps de jouer avec lui, de lui donner de l'attention lorsqu'il se comporte selon vos attentes et surtout... lorsqu'il collabore à vos consignes.

Certains enfants refuseront d'aller sur le petit pot parce qu'ils sont plus intéressés à poursuivre leur activité de jeu. Dans ce cas, associez le fait d'aller au petit pot à une activité agréable, telle que la lecture d'une histoire ou l'utilisation d'un jouet qui est réservé exclusivement aux moments sur le pot.

Vous pourriez également opter pour une méthode plus lente et détendue d'entraînement à la propreté, afin de vous assurer de maintenir une bonne relation avec votre enfant et de ménager vos nerfs!

Les paragraphes qui suivent proposent une façon de motiver l'enfant à l'aide de sa curiosité et de renforcements plus puissants.

En cas de peur, de réapprentissage à la suite d'un épisode de constipation ou d'opposition, vous devrez peut-être utiliser des renforcements positifs plus puissants et plus motivants que vos simples félicitations ou louanges. Voici un petit truc que j'ai utilisé pour motiver les enfants à collaborer, particulièrement dans les cas d'enfants qui s'opposent.

Préparez une vingtaine de petits cadeaux ou de sacs à surprises que vous emballerez et que vous placerez dans un grand bol ou un panier. Déposez le bol ou le panier dans la salle de bain, à la vue de l'enfant, mais sans qu'il puisse y avoir accès.

Aussi, placez un tableau de renforcement positif sur le mur (autocollants ou bonshommes sourire). S'il pose des questions, dites-lui que vous vous préparez pour le moment où il sera prêt à utiliser le petit pot. Vous pouvez lui dire ça avec un beau sourire, avec une attitude positive, sans le culpabiliser. Ajoutez : « Il n'y a pas de presse, c'est toi qui décides quand tu seras prêt... quand tu auras envie d'apprendre, nous serons prêts à t'encourager avec ces petites récompenses ».

En ne donnant plus d'attention aux refus de l'enfant et en gardant une attitude positive, vous protégerez votre relation avec lui. N'oubliez pas qu'une relation négative ou trop de pression peuvent rendre l'entraînement aversif aux yeux de l'enfant et retarder son apprentissage de la propreté.

Lâchez prise, détendez-vous, motivez l'enfant en lui montrant vos « plans de renforcement », et laissez-le décider du moment où il voudra apprendre...

Je suis sûre que ce sera moins long que vous le croyez... surtout avec le bol à surprises! Normalement, après autant de succès sur le petit pot qu'il y a de surprises dans le panier, l'enfant devrait avoir acquis la propreté... vous pourrez alors faire une petite cérémonie ou faire une activité spéciale pour le féliciter de son succès!

L'enfant vit une série d'échecs, ou carrément une régression

Quelques petits accidents sont tout à fait normaux et font partie du processus normal d'apprentissage. Parfois, fillette ou fiston est tellement absorbé par son activité de jeu, qu'il en oublie de vous aviser de son envie... Ne disputez surtout pas votre enfant dans ces circonstances. Il est en apprentissage et ce genre d'erreur est normal. À force de lui demander s'il est au sec ou s'il a envie, il finira par mieux reconnaître ses sensations et à moins se laisser distraire par le jeu.

Toutefois, lorsque les accidents se font de plus en plus fréquents, ou que l'enfant semble carrément régresser au stade où il a besoin à nouveau de couches, cela peut être plus inquiétant pour les parents.

En fait, cela peut arriver lorsque l'enfant vit une période de stress. Certains appellent ça des comportements de régression. On assiste souvent à ce genre de phénomène lors de la naissance d'un petit frère ou d'une petite sœur. Dans ces circonstances, certains enfants se remettent à sucer leur pouce, d'autres demandent le biberon, parlent en bébé... ou encore se remettent à avoir besoin de couches. Si cela vous arrive, ne paniquez pas... restez calme!

Maman, je peux avoir mon lait dans un biberon moi aussi?

D'abord, avant de conclure au stress, demandez-vous si vous n'avez pas cessé un peu trop rapidement d'encourager l'enfant, de reconnaître les signes qu'il a envie, ou de renforcer ses efforts. Durant l'apprentissage de la propreté, il est possible que certains parents crient victoire trop rapidement, en abandonnant les techniques trop tôt.

De plus, tous les enfants peuvent avoir des accidents... culpabiliser l'enfant ou le punir dans ces circonstances ne contribuera qu'à empirer la situation, à multiplier les accidents. En fait, des échecs répétés peuvent tout simplement signifier que l'enfant n'était pas prêt à l'apprentissage de la propreté et qu'il vaut mieux attendre entre un et trois mois avant de s'y remettre. Accordez une pause à vous et à votre enfant en continuant l'utilisation des couches... Vous aurez plus de succès un peu plus tard.

La même approche s'applique si vous identifiez vraiment un stresseur qui a pu amener l'enfant à régresser. Dans ce cas, vous pouvez lui remettre une couche ou une culotte d'entraînement. Faites-le sans l'humilier et adoptez une attitude dédramatisante avec lui... « Ce n'est pas grave, ça arrive à plusieurs enfants... nous recommencerons avec le petit pot un peu plus tard ». Puis, laissez le temps à l'enfant de s'adapter à la nouvelle situation qu'il est en train de vivre (ex. : nouveau petit frère, changement de garderie...), soyez à l'écoute de ses émotions et prenez le temps de le sécuriser. Lorsque vous sentirez que le stresseur n'est plus présent, ou que l'enfant s'y est adapté (ce qui peut prendre quelques semaines), vous pourrez alors recommencer l'entraînement... et parions que l'enfant apprendra très rapidement, puisqu'il aura déjà vécu des succès sur ce plan.

L'énurésie nocturne

Il s'agit des fameux pipis au lit. On dit qu'un enfant fait de l'énurésie nocturne lorsque à 5 ans, il recommence à mouiller son lit. On estime que ce trouble survient chez un enfant de 6 ans sur dix, et chez un enfant de 10 ans sur vingt.

Ce trouble est moins fréquent chez les filles que chez les garçons. Malheureusement, lorsque les parents sont mal informés sur ce trouble, il peut être à l'origine de nombreux conflits familiaux. En effet, ce trouble peut déranger le sommeil de l'enfant et de toute la famille si le pyjama et les draps mouillés sont suffisants pour réveiller l'enfant.

Ce problème peut également avoir de lourdes conséquences sur la relation entre le parent et l'enfant, particulièrement si le parent croit que l'enfant fait exprès. Dans ce cas, le parent risque de disputer sévèrement l'enfant qui lui, n'a pas besoin de son parent pour savoir qu'il mouille son lit, mais qui ne comprend pas ce qui lui arrive.

Mouiller son lit entraîne souvent une perte d'estime de soi lorsque le problème tarde à se régler. L'enfant aura tendance à se sentir inadéquat, « bébé » et incapable.

Ce problème peut également affecter les relations sociales de l'enfant, particulièrement s'il est invité à dormir chez des amis ou s'il fait des sorties avec l'école ou dans le cadre de ses activités parascolaires (ex. : camping avec les scouts).

Vous pouvez bien vous imaginer comment il peut être humiliant pour un enfant de 7 ou 8 ans de devoir porter une couche devant ses amis. Il est donc important de vous montrer très encourageant, compréhensif et empathique envers votre enfant qui mouille son lit.

Il existe des solutions, mais il faut être patient, tolérant et ne pas se décourager lors de petites « rechutes ». Vous pouvez utiliser une combinaison de différentes techniques, notamment la responsabilisation, le renforcement positif, l'apprentissage de la rétention (de l'urine) et le conditionnement.

La responsabilisation

Elle consiste à commencer à confier de petites tâches à l'enfant afin qu'il se sente valorisé par sa capacité de faire des tâches de « grands ». Par exemple, vous pouvez lui demander de vous aider à dresser la table avant chaque repas. Il serait également très pertinent de lui demander de changer seul de pyjama et de vous aider à refaire son lit lorsqu'il s'échappe la nuit.

Attention! Ceci n'est pas une punition, alors n'ayez pas un ton de reproche lorsque l'enfant vous aide à faire son lit. Le but de lui demander de vous aider est de lui donner un sentiment de capacité à faire les choses, un sentiment d'autonomie et de maturité afin de compenser pour tous les sentiments négatifs amenés par le fait de mouiller son lit (voir technique de faire doublement le lit, à la page 43 de ce livre).

Le renforcement positif

Il consiste à noter quotidiennement les progrès de l'enfant sur un calendrier en y apposant des autocollants pour chaque nuit passée au sec. Lorsque l'enfant n'a pas son autocollant, il ne faut pas le disputer, mais plutôt l'encourager à être patient.

Une surprise peut être associée à un certain nombre de jours consécutifs sans mouiller le lit. Laissez l'enfant placer lui-même son autocollant sur le calendrier… il sera fier de lui et s'appropriera SON système de récompenses.

L'apprentissage de la rétention de l'urine

Cette technique consiste à demander à l'enfant de se retenir un peu plus longtemps lorsqu'il a envie d'uriner durant le jour. Cet exercice l'aidera à développer la force de ses sphincters (les muscles qui permettent de retenir l'urine).

Une autre façon d'apprendre à l'enfant à mieux contrôler ses sphincters est de lui demander d'arrêter d'uriner avant qu'il n'ait complètement terminé son pipi. Vous pouvez même en faire un jeu en écoutant le son de son pipi et en lui disant : « arrête », « continue », « arrête encore », « continue »... L'enfant s'entraîne donc à mieux contrôler ses sphincters tout en s'amusant, ce qui dédramatise la situation.

Le conditionnement

Le conditionnement nécessite un appareil que les parents peuvent louer. Il s'agit d'un senseur qui est soit installé dans le sous-vêtement de l'enfant, soit sous forme d'un piqué que l'on place dans son lit sous une serviette. Le senseur est connecté à un dispositif qui déclenche une forte alarme sonore dès que l'enfant urine quelques gouttes.

L'objectif est que l'enfant fasse l'association entre sa vessie pleine et l'éveil. Son cerveau fait ainsi l'apprentissage de provoquer l'éveil dès que le besoin d'uriner se fait sentir. Il est recommandé aux parents d'assister l'enfant lorsque l'alarme se fait entendre. Ces derniers doivent guider l'enfant vers la toilette pour qu'il y finisse son pipi et l'aider à replacer le dispositif. Inutile de vous dire qu'il ne faut pas disputer l'enfant si quelques gouttes ont mouillé son lit! Différentes ressources pour louer ce type d'appareil sont énumérées à la fin de ce livre, de même que des lectures pour les enfants sur ce sujet.

Il est préférable de consulter si...

Bien que ce livre a pour but de vous offrir un maximum d'informations et de solutions, il existe des problèmes pour lesquels il ne faut pas hésiter à consulter rapidement, soit parce que leurs causes sont plus difficiles à identifier ou alors parce qu'ils demandent une aide personnalisée plutôt que de simples conseils généraux.

L'énurésie et l'encoprésie

Nous avons déjà parlé d'énurésie nocturne dans la section précédente, mais certains enfants peuvent souffrir d'énurésie ou d'encoprésie. Cela survient lorsqu'un enfant n'est pas encore propre pour l'urine (énurésie) ou pour les selles (encoprésie) à l'âge de 5 ans (4 ans pour l'encoprésie).

L'élimination dans un endroit inapproprié peut être accidentel ou volontaire. Si je vous suggère de consulter pour ces troubles, c'est qu'il est important d'identifier leurs causes, qui peuvent être multiples, avant d'intervenir.

Causes possibles :
- anomalies physiques ou neurodéveloppementales;
- problèmes affectifs ou comportementaux;
- stress;
- problèmes de relation avec les parents;
- retard de développement, retard mental ou trouble mental.

Si vous reconnaissez les symptômes de l'énurésie ou de l'encoprésie chez votre enfant, commencez par en discuter avec son pédiatre ou votre médecin de famille. On pourra alors vérifier si la cause du problème est biologique. Si ce n'est pas le cas et que le médecin soupçonne plutôt une cause affective, relationnelle ou comportementale, il vous référera à un psychologue ou à un service de pédopsychiatrie.

Ne tardez pas, car ces troubles peuvent avoir de lourdes conséquences : infections urinaires, rejet par les pairs, perte d'estime de soi, sentiment dépressif, etc.

Les enfants ayant des besoins spéciaux

Si votre enfant souffre d'une condition particulière, d'un handicap physique ou mental, demandez aux professionnels qui s'occupent déjà de la problématique de vous guider dans l'apprentissage de la propreté. Parfois, la difficulté de l'enfant peut nécessiter qu'on attende plus longtemps avant d'amorcer l'entraînement à la propreté. Cet entraînement peut également comporter des techniques ou des outils particuliers au trouble de l'enfant, pour lesquels vous devrez être guidé par un professionnel. Bref, entourez-vous de gens compétents en la matière et posez toutes les questions qui vous viennent à l'esprit... les questions stupides, ça n'existe pas, surtout lorsqu'on a à cœur le bien-être de notre enfant.

:: Conclusion

Et voilà! Ce n'est pas plus compliqué que ça... Peut-être que votre enfant apprendra spontanément à être propre, sans trop d'effort. Ça arrive à huit enfants sur dix! Votre lecture aura tout de même contribué à vous donner confiance en vos capacités parentales et à savoir comment réagir en cas d'éventuels accidents. Sachez qu'un parent en confiance et calme contribue, par sa simple sérénité, à sécuriser son enfant.

Pour ceux d'entre vous qui auront à utiliser les stratégies proposées, je souhaite qu'elles soient efficaces et que l'entraînement à la propreté de votre enfant vous donne une occasion de passer du temps avec lui et de vous en rapprocher. Cette étape de la vie peut influencer votre relation avec votre enfant positivement, ou négativement.

Si j'ai pris la décision d'écrire un livre pour un processus qui se fait très simplement chez de nombreux enfants, c'est parce que j'ai rencontré plusieurs familles où l'apprentissage de la propreté a donné lieu à une lutte de pouvoir entre parent et enfant. Dans ce cas, on est perdant à deux niveaux :

- l'apprentissage de la propreté est retardé, et peut même mener à des troubles tels que l'énurésie ou l'encoprésie... ou encore à des problèmes de santé comme la constipation;
- la relation entre les parents et l'enfant se détériore.

Si vous ne deviez retenir qu'une seule chose de ce livre, je souhaite que ce soit l'importance de ne jamais mettre de pression sur les épaules de l'enfant. L'apprentissage de la propreté n'est pas une course, et ce, peu importe vos motivations derrière votre désir qu'il passe des couches au petit pot. Le respect du rythme de votre enfant sera toujours plus important que l'évitement des commérages autour de vous qui diront : « Savais-tu que le fils de Caroline n'est pas encore propre? Elle devrait s'y mettre »!

De plus, vous avez sûrement remarqué qu'il existe différentes approches pour l'entraînement à la propreté, et qu'elles comportent toutes leurs avantages et leurs inconvénients... prenez le temps de peser le pour et le contre de chaque approche pour VOTRE situation et VOTRE enfant... Assurez-vous de choisir une approche avec laquelle vous vous sentirez parfaitement à l'aise. Peu importe l'approche, vous aurez plus de succès si vous vous sentez confiant et serein, puisqu'en l'absence de stress ou d'hésitation de votre part, votre enfant se sentira en confiance... ce qui est essentiel à toute forme d'apprentissage.

Enfin, profitez de l'apprentissage de la propreté pour passer du temps positif avec votre enfant, lui donner de l'attention, l'encourager et le valoriser dans l'acquisition d'une plus grande autonomie. Il en a besoin de toute façon! Bref, détendez-vous, faites-en un jeu et... amusez-vous!

Quelques ressources utiles…

HÔPITAUX ET CLSC

Les CLSC représentent LA ressource locale par excellence pour obtenir de l'aide. On peut y évaluer votre situation familiale et ensuite vous orienter vers les services appropriés accessibles dans votre communauté. En cas de situation de crise, vous pouvez également consulter le centre hospitalier de votre région où des équipes multidisciplinaires peuvent prendre les problèmes plus lourds en charge, que ce soit en département psychiatrique ou encore en clinique externe.

LIGNE TÉLÉPHONIQUE ET INFORMATIONS POUR PARENTS

Dans les moments difficiles, il peut être utile de pouvoir parler à quelqu'un d'objectif, qui a du recul par rapport à notre situation. Obtenir de l'information sur la santé des enfants est tout aussi efficace, car parfois, les problèmes de santé physique peuvent affecter les émotions des enfants.

- Ligne Parents (en tout temps): 1 800 361-5085; 514 288-5555
- La Parenterie 514 385-6786
- Centre d'information sur la santé de l'enfant de l'Hôpital Sainte-Justine
  - 514 345-4678
  - www.hsj.qc.ca/CISE/

LIGNES TÉLÉPHONIQUES POUR LES ENFANTS ET LES ADOLESCENTS

Les enfants aussi peuvent avoir parfois besoin de parler à quelqu'un d'objectif… Ces ressources sont excellentes!

- Tel-jeunes (en tout temps) : 1 800 263-2266; 514 288-2266
- Jeunesse j'écoute : http://www.jeunessejecoute.ca 1 800 668-6868

CENTRE DE RÉFÉRENCE DU GRAND MONTRÉAL

Pour les gens de la région de Montréal et les environs, cette ressource permet de trouver TOUTES les ressources… ou presque! C'est un numéro précieux à conserver.

- 514 527-1375

ORDRE DES PSYCHOLOGUES DU QUÉBEC

Pour ceux qui souhaitent consulter un psychologue en pratique privée, l'Ordre des psychologues du Québec offre un service de référence vous permettant de trouver un psychologue en fonction de son domaine d'expertise et de la région où il pratique. Le site Internet est également très intéressant et vous informe sur les différentes approches en psychologie.

- Le service de référence téléphonique est ouvert du lundi au vendredi, de 8 h 30 à 16 h 30.
    - 514 738-1223
    - 1 800 561-1223
    - www.ordrepsy.qc.ca

CLINIQUES UNIVERSITAIRES DE SERVICES PSYCHOLOGIQUES

Peu de gens connaissent cette forme de service… Les cliniques universitaires de services psychologiques peuvent vous venir en aide car elles offrent des services d'évaluation psychologique et de thérapie à prix modique. Les services sont offerts par des étudiants au doctorat en psychologie qui sont en stage. Ils sont supervisés étroitement par des psychologues d'expérience. Les étudiants font souvent preuve d'un grand professionnalisme et feront beaucoup d'efforts pour vous aider, d'une part parce qu'ils sont évalués à la fin de leur stage, et d'autre part parce qu'ils sont jeunes et ils ont le feu sacré de la profession… ils ont hâte de mettre en pratique ce qu'ils apprennent depuis plusieurs années sur les bancs d'école!

Centre de services psychologiques de l'Université du Québec à Montréal :
- 514 987-0253
- http://www.psycho.uqam.ca/D_CSP/CSP.html

Clinique universitaire de psychologie de l'Université de Montréal :
- 514 343-7725
- http://www.psy.umontreal.ca/dept/service.html

Service de consultation de l'École de Psychologie de l'Université Laval
- 418 656-5460
- http://www.psy.ulaval.ca/SCEP.html

Clinique universitaire de psychologie de l'Université du Québec à Chicoutimi
- 418 545-5024
- http://www.uqac.ca/administration_services/cup/index.php

Centre universitaire de services psychologiques de l'Université du Québec à Trois-Rivières
- 819 376-5088
- https://oraprdnt.uqtr.uquebec.ca/pls/public/gscw031?owa_no_site=134&owa_no_fiche=1&owa_apercu=N&owa_bottin=&owa_no_fiche_dev_ajout=-1&owa_no_fiche_dev_suppr=-1

Centre d'intervention psychologique de l'Université de Sherbrooke (pour 18 ans et plus seulement)
- 819 821-8000 (poste 3191)
- http://www.usherbrooke.ca/psychologie/cipus/cipus.html

Centre de services psychologiques de l'Université d'Ottawa
- 613 562-5289
- http://www.socialsciences.uottawa.ca/psy/fra/csp.asp

RESSOURCES ET LOCATION D'APPAREILS POUR LE TRAITEMENT DE L'ÉNURÉSIE NOCTURNE (PIPIS AU LIT)

Ledoux Réflexe
- www.pipiaulit.com

Rive-Sud de Montréal
Ledoux Réflexe inc.
7340, rue Molière
Brossard (Québec) J4Y 1L7
Tél. : 514 990 7474 (Montréal)
Sans fais : 1 877 326-7474
info@ledouxreflexe.ca

Pierrefonds
Clinique de santé jeunesse
14770, boulevard Pierrefonds, bureau 100
Pierrefonds (Québec) H9H 4Y6
Tél. : 514 696-2442

Laval
Centre pédiatrique de Laval
1150, boulevard de l'Avenir
Laval (Québec) H7N 6L2
Tél. : 450 686-0822

Sherbrooke
Clinique pédiatrique 24 juin
1055 12e Avenue Nord, bureau 216
Fleurimont (Québec) J1E 2X4
Tél. : 819 566-5443

Québec
Clinique pédiatrique Sainte-Foy
950, rue de Bourgogne
Québec (Québec) G1X 3V7
Tél. : 418 658-0906

Uriflex
5390, rue Paname Auteuil
Laval (Québec) H7K 1W8
Tél. : 450 622-0704
http://www.uriflex.com/default.htm

Urino Arrêt info@urino-arret.com
505-3699, rue des Compagnons
Québec (Québec) G1X 4Y4
Sans frais : 1 866 557-7070
http://www.urino-arret.com/

Enureflex
Sans frais : 1 866 562-7007
info@enureflex.com
http://www.enureflex.com/moniteurs.htm

Suggestions de lectures

Lectures pour enfants – Apprentissage de la propreté et énurésie nocturne (certaines de ces références sont proposées sur le site du Centre d'information sur la santé de l'enfant de l'Hôpital Sainte-Justine)

- *Caillou : Le pot* (2 ans +)
  Sanschagrin, Joceline
  Montréal : Chouette, 2005. 26 p. (Rose des vents)

- *Didou aime son pot* (2 ans +)
  Got
  Paris : Albin Michel Jeunesse, 2000. 32 p. (Didou aime)

- *Le gros monstre de la salle de bain* (2 ans +)
  Lacombe, Louise-Marie
  Montréal : Hugo et Filou, 2002. 24 p.

- *Maman, je suis mouillé!* (2 ans +)
  Boelts, Maribeth
  Fribourg : Calligram, 2006. 30 p.

- *Petit héros fait pipi comme les grands* (2 ans +)
  Barcelo, François
  Laval (Québec) : Les 400 coups, 2004. 32 p. (Comme 3 pommes)

- *Pipi au lit* (2 ans +)
  Lévy, Didier
  Paris : Nathan, 2005. 24 p. (Cajou)

- *Pipi dans le pot* (2 ans +)
  Assathiany, Sylvie et Louise Pelletier
  Laval (Québec) : Les 400 coups, 1998. 14 p. (Les 400 tout petits coups)

- *Sur le pot* (2 ans +)
  Clément, Claire
  Paris : Bayard, 1999. 15 p. (Léo et Popi)

- *Le grand voyage de monsieur Caca* (3 ans +)
  Delaunois, Angèle
  Laval (Québec) : Les 400 coups, 2002. 24 p.

- *Le nouveau voyage de monsieur Caca* (3 ans +)
  Delaunois, Angèle
  Laval (Québec) : Les 400 coups, 2007. 27 p.

- *Le lutin des pots* (3 ans +)
  Spathelf, Barbel
  Paris : Gründ, 2000. 30 p.

- *Pipi au lit* (3 ans +)
  Dolto, Catherine
  Paris : Gallimard, 2006. 16 p. (Giboulées)

- *Samira a fait pipi dans sa culotte* (3 ans +)
  Lamblin, Christian
  Paris : Nathan, 2001. 20 p. (Croque la vie)

- *Est-ce que les sirènes font pipi au lit?* (4 ans +)
  Willis, Jeanne
  Paris : Hachette Jeunesse, 2000. 29 p.

- *Le secret de Simon* (6 ans +)
  Gratton, Andrée-Anne
  Saint-Laurent (Québec) : Pierre Tisseyre, 2003. 68 p. (Sésame)

- *Max fait pipi au lit* (6 ans +)
  de Saint Mars, Dominique
  Fribourg : Calligram, 2002. 45 p. (Max et Lili)

- *Le secret de Dominique* (8 ans +)
  Gervais, Jean
  Montréal : Boréal, 1991. 43 p. (Dominique)

- *Tu seras la risée du monde* (11 ans +)
  Nozière, Jean-Paul
  Paris : De la Martinière Jeunesse, 2004. 208 p. (Confessions)

Ressources pour l'approche « sans couches »

Sites Internet:
- www.diaperfreebaby.org
- www.natural-wisdom.com

Livre
- *Sans couches, c'est la liberté!*
  Bauer, Ingrid Éditons L'Instant présent 2006

:: Références

AZRIN, N. H, & R.M. FOXX, (1974 et 1989), *Toilet Training in Less than a Day*. New York : Pocket Books.

BRAZELTON, T.B. (1962). « A Child-Oriented Approach to Toilet Training », dans *Pediatrics*, 29, 121-128.

BRAZELTON, T.B., A.C. STADTLER, P.A. Gorski (1999), « Toilet Training Methods, Clinical Interventions, and Recommandations », dans *Pediatrics*, 103 (6), 144-145.

CRANE, T. (2006), *Potty Train Your Child in Just One Day... Proven Secrets of the Potty Pro*. New York (NY) : Fireside.

DeVRIES, M. W.,&, M.R. DeVRIES, M. R. (1977). « Cultural Relativity of Toilet Training Readiness: A Perspective from East Africa », dans *Pediatrics*, 60, 170-177.

EZZO, G., & R. BUCKNAM, Robert (2005), On *Becoming Potty Wise for Toddlers. À Developmental Readiness Approach to Potty Training*. Mt. Pleasant (SC) : Parent-Wise Solutions, Inc.

LARGO, R. H., L. MOLINARI, L., von SIEBENTHAL, K., & U. WOLF-SENSBERGER(1999). « Development of Bladder and Bowel Control: Significance of Prematurity, Perinatal Risk Factors, Psychomotor Development and Gender », dans *European Journal of Pediatrics*, 158, 115-122.

LOEW, E., (2003),« Les couches, quel dilemme! », dans *Interaction*, Publication de la Fédération canadienne des services de garde à l'enfance, 17 (2), 18-19.

OPPEL, W.C., P.A. HARPER, & R.V. Rider, (1968). « The Age of Attaining Bladder Control », dans *Pediatrics*, 42, 614-626

PANTLEY, E., (2007). The No-Cry Potty Training Solution. New York (NY) : McGraw-Hill.

SOCIÉTÉ CANADIENNE DE PÉDIATRIE. Comité de la pédiatrie communautaire, (2000, réapprouvé en 2008), « L'apprentissage de la propreté : Des conseils axés sur l'enfant », dans *Paediatrics & Child Health*, 5 (6), 342-344.

SPOCK, B., (1948 et 1998). *The Common Sense Book of Baby and Child Care*. New York : Pocket Books.

STENHOUSE, G., (1988), « Toilet Training in Children » dans *New Zealand Medical Journal*, 101, 50-511.